工业区块链（DIPNET）社区 | 主编

工业区块链

工业互联网时代的商业模式变革

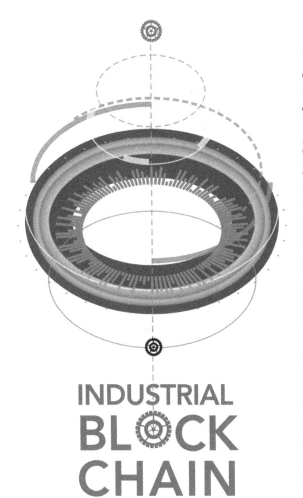

INDUSTRIAL
BLOCK
CHAIN

机械工业出版社
CHINA MACHINE PRESS

人类历史上从未有任何一项其他技术像区块链这样毁誉参半，而与"加密数字货币"这个灰天使若即若离、说不清道不明的关系，也让区块链技术蒙上了一层神秘的面纱，华尔街上甚至有"区块链可能会被证伪，但是加密数字货币永生"之类的言论广为流传。

任何一项新技术都需要与实体经济相结合，才能走得更远，区块链技术也不例外。在中国制造业面临数字化转型升级的今天，如何将区块链技术更好地应用于工业领域，成为所有区块链从业者的重要课题。本书作为业内前瞻性的作品，将从探索和畅想的角度对工业区块链的应用前景进行阐述和分析。应该说，区块链技术在工业领域的应用落地可能还有很长的一段路要走，而本书仅仅是一个研究和探索的开端。

图书在版编目（CIP）数据

工业区块链：工业互联网时代的商业模式变革 / 工业区块链（DIPNET）社区主编. —北京：机械工业出版社，2019.7（2020.8 重印）
ISBN 978-7-111-63323-5

Ⅰ.①工... Ⅱ.①工... Ⅲ.①电子商务－支付方式－研究 Ⅳ.①F713.361.3

中国版本图书馆 CIP 数据核字（2019）第 158339 号

机械工业出版社（北京市百万庄大街 22 号　邮政编码 100037）
策划编辑：时　静　李馨馨　　责任编辑：李馨馨　秦　菲
责任校对：张艳霞　　　　　　　责任印制：常天培
北京虎彩文化传播有限公司印刷

2020 年 8 月第 1 版·第 2 次印刷
169mm×239mm·14.25 印张·353 千字
2501—3000 册
标准书号：ISBN 978-7-111-63323-5
定价：59.00 元

电话服务　　　　　　　　　　　网络服务
客服电话：010-88361066　　　　机　工　官　网：www.cmpbook.com
　　　　　010-88379833　　　　机　工　官　博：weibo.com/cmp1952
　　　　　010-68326294　　　　金　书　网：www.golden-book.com
封底无防伪标均为盗版　　　　　机工教育服务网：www.cmpedu.com

编写委员会

顾　问：朱晓武　高　飞　杨溪林　蔡　雲　崔大宝

主　任：阚　雷

副主任：王　征　刘欣源　孙　航　张　兰　王振凯

委　员：仇一鸣　孙赞淼　万晓燕　马　勇　邢　淼　张洪涛

　　　　马志博　田明创　李瑜京　陈朝晖　关　克　董彤彤

　　　　周佩萱　李晶晶　衣明龙　解　晶　孙封蕾　于小蔓

　　　　冯　杰　王永宗　赵元开　郑国富　冷　单　花　雷

主编单位：工业区块链（DIPNET）社区

联合编写单位：中国政法大学金融科技联合培养基地

　　　　　　　TBanco Global Co.,Ltd

联合发布：科技行者　节点财经　狮子社群　砝码财经

　　　　　远嘉程科技　意利科技

　　本书在编写过程中得到教育部人文社科规划项目（17YJA630148）、中国政法大学钱端升杰出学者支持计划资助项目（ZQ2017-1003）、中国政法大学科研创新项目（18ZFG63001）、中国政法大学金融科技联合培养基地（LHPYJD1804）的支持。

序

作为一名科技媒体人，多年来我经历了许多新技术兴起和发展的过程，而区块链的发展走了一条和其他技术完全不同的路线。

区块链超乎寻常的发展速度，从大众追捧，到行业回归，到生产关系和生产力的价值挖掘，让我们很难看到区块链技术的边界。

这个富有想象力的技术，遇到传统制造业，新技术和旧产业的结合，会产生什么样的碰撞？

在中国制造业面临转型升级、新旧动能转换的今天，人工智能、区块链等高精尖技术如何融入实体经济，是全社会需要关注和探讨的一个重要课题。

本书的作者很多都是我的朋友，他们都是工业界、金融界和互联网界的资深人士，并且在区块链与工业制造的结合领域做出了很多探索性的尝试。

这次他们将自己几年来的经验和教训总结成书，系统地介绍工业区块链的思路和发展，期待能够更好地推动区块链技术与实体经济的深度融合，为这个行业的发展做出更多的贡献。

至顶传媒旗下的科技行者在去年开通了《区块链杂谈》板块，致力于记录区块链行业的发展和区块链的知识普及工作，并参与了中国信息通信研究院可信区块链人才培训计划的相关推进工作。在推进区块链知识普及的过程中，我们也发现这个行业太缺乏系统性的学习材料，相信本书将是一份不错的参考。

最后，希望有更多各界人士能够加入到区块链融合实体经济的事业中来，让这个行业能够理性快速地发展。

至顶传媒总经理兼总编辑

高飞

前言

　　区块链技术从诞生的第一天起就毁誉参半，有些人认为它是一项改变世界的颠覆性技术，有些人认为它是一场席卷全球的骗局，多年来，行业内外一直为此争执不休。

　　而不管来自各界的声音如何，各国政府和大型企业争相在这个领域投入和布局，各地的区块链产业园区如雨后春笋般出现，这已经证明了它的意义和价值。

　　我本人是从 2013 年就开始通过比特币接触到区块链技术，时间比较早，经历过这个行业的起起落落。在我看来，一项技术最终到底是被证实还是证伪，最主要的还是看它是否能真正融合实体经济，提高实体经济，尤其是提高制造业的效率和利润。如果一项技术于实体经济毫无益处，那么它一定是走不远的。

　　区块链技术毫无疑问是一项金融科技，我本人并不同意把它应用在各种非金融场景下，我把它们统一称作"秤砣应用"。人类发明蒸汽机后，可以做蒸汽船、蒸汽火车等，但如果你非说蒸汽机很沉，能当秤砣用，其实也行。

　　但蒸汽机不是秤砣，而是工业革命最伟大的发明。

　　我们今天很多区块链应用仍然还是"为用而用"，拿蒸汽机当秤砣用，这是不值得提倡的。

　　我们要承认，区块链技术就是一项金融科技，它最大的贡献是解决价值流转中的各种问题。

我做过多年制造业，后来又从事金融行业，金融与实体经济的脱节一直是这个行业被诟病的核心问题之一。而我相信，区块链技术的出现，将会让产品生命周期管理时代进入价值生命周期管理时代，通过区块链技术与智能制造的深度融合，金融能够更好地为实体经济服务，这是工业的未来，也是金融的未来。

本书是由全球工业区块链社区的各位朋友共同编写，集合了多位在工业区块链领域先行者和探索者的经验和思考，将为大家系统地介绍工业区块链的思想和发展，以及深度分析金融、工业和互联网的关系，最后还邀请知名法律专家就区块链技术的法律风险进行了分析和探讨。

全书没有对深涩的技术做过多的纠缠，而是用相对平实易懂的语言，帮助读者理解工业、金融、区块链，以及工业区块链的各项知识，快速建立起一个新的知识体系。

应该说工业区块链是一个全新的领域，这里面还没有非常成熟的案例，更多的是探索、尝试和思考，我们推出这样一本书，希望能够抛砖引玉，吸引更多的业界人士关注和研究区块链与工业的融合，为转型升级中的中国制造业贡献力量。

兔哥

目录

第 1 章

制造业的演变

1.1　工业的概念

我们常说工业是社会化分工的产物，是生产力进步以后带动科技发展所形成的新型业态，也使人类除了狩猎、耕作等以外有了规模化和效率化产出商品的方法。通常意义上农、林、牧、渔被定义为第一产业；工业是第二产业的重要组成部分，是指对原始天然材料的开采，以及对原始天然材料和中间品的进一步加工生产；第三产业是服务业，包含了交通运输、商业服务、金融、教育等。

俗话说民以食为天，我们做任何事都是建立在能吃饱肚子的基础之上，所以农业给第二、三产业奠定了物质基础，满足了人类生存的基本条件。工业作为第二产业的重要组成部分，进一步促进了农业的发展水平，制造了大量的机械化工具和化肥、农药等生产物资，使农业的生产力水平大幅度提高。既减少了第一产业所需人数，使更多劳动力得到解放，有机会投身到第二、三产业，赚取更多劳动报酬，同时还使第一产业的单位产出比极大提高，生产的产品也更加丰富。

工业还带动了第三产业的发展，给很多服务性行业提供了必要的工具，很多服务行业是由于有了新工具才具有了可能性。比如生产出了摄像机和华丽的服装，可以创造出电影、电视等文娱产业；生产出了体育用品，可以进行体育比赛；生产出了乐器，可以进行音乐演出。第二产业通过提供必要的工具，使人们可以进行再创作，诞生更多新的可能性，很多奇思妙想和创新创意也需要工业来提供实现的可行性基础设施。

第一产业是基础，第二产业是工具，第三产业是场景，三种产业构成

了今天的整个商业社会，支撑了人类生活的大生态。

工业作为第二产业的重中之重，更是影响到了科技水平的发展和人类社会的进步，在分析工业革命的演变过程之前需要先搞清楚什么是工业，工业的本质是什么。这对理解本书的主旨"用区块链技术赋能和改善工业发展"具有重要意义。

什么是工业？

按照标准的定义："工业是唯一生产现代化劳动手段的部门，它决定着国民经济现代化的速度、规模和水平，在当代世界各国国民经济中起着主导作用。工业还为自身和国民经济其他各个部门提供原材料、燃料和动力，为人民物质文化生活提供工业消费品；它还是国家财政收入的主要源泉，是国家经济自主、政治独立、国防现代化的根本保证。除此以外，在社会主义条件下，工业的发展还是巩固社会主义制度的物质基础，是逐步消除工农差别、城乡差别、体力劳动和脑力劳动差别，推动社会主义向共产主义过渡的前提条件。"

对上面这条定义加以分析可知，工业是生产现代化劳动手段的部门，劳动手段也就是劳动资料，劳动资料是物质资料或物质条件，其中起决定作用的是生产工具。现代化劳动资料有别于落后劳动资料的是拥有先进的生产工具，这就是工业对比之前的非工业生产的差别，蒸汽机、电力等就是在当时的工业革命时期标志性的先进生产工具。

我们理解的工业是在当时的历史时期内利用当前最先进的生产工具，进行消费品及中间品制造，为社会创造财富，为人类提供品类丰富的、提升生活品质的产品。同时利用工业技术发展过程中带来的生产力提升，在一定程度上起到了稳定国家政权，优化社会组织形态的作用。一个国家需

要充分利用科技手段和生产工具支持工业生产，使人民享受到工业化发展带来的优质生活，同时用工业发展带动科技水平的发展，来促进国家政权的稳定并不断提升国际影响力。

就工业本身来说，影响产出结果的是生产力和生产关系二者的螺旋上升，学过政治经济学的一定都还记得课本里说的："生产力决定生产关系，生产关系对生产力有反作用，生产力和生产关系的相互作用构成生产方式的矛盾运动：生产关系从基本适合生产力，到基本不适合，通过变革再到新的基本适合。"生产力和生产关系的相互作用及矛盾运动体现了两者之间本质的必然联系，即生产关系一定要适合生产力状况的规律。

在一个工厂内，生产力可以是人、设备、厂房、原材料等，生产关系是指企业性质、组织结构、激励制度等。将视角放大到整个社会，生产力是公民、公共设施、科学技术等，生产关系是社会制度、法律法规、道德约束等。以小见大，工业内部的生产力不只是推动工业内的生产关系，也是影响到人类社会生产关系的重要条件和推手。

马克思指出："手推磨产生的是封建主为首的社会，蒸汽磨产生的是工业资本家为首的社会。"（《马克思恩格斯选集》第 1 卷，第 108 页）这里可以看到先进生产力的出现不仅改变了当时的生产方式，更影响了社会制度的变革，产生了新的阶层。石斧、弓箭的发明使原始人类捕猎的水平得到提高，剩余食物增多以后不再需要全员投入生产，并且产生了分配问题，这是促进个人组织走向氏族制的一个重要因素。复杂加工设备带动手工业的发展使人类可以制造商品，商业的发展使货币成了支撑贸易活动的必需品，也让人类社会的组织结构走向更先进的国家化。由工业生产力提升带动的社会化生产关系进化使人们走到了今天，同时由强大的组织力量提

升生产关系，建立高效的生产模式，使先进生产力得到最大限度的发挥。

1.2 工业 1.0：从田间到工厂

人类比动物高级在何处？读过书的人都还记得老师从小就教育我们：人类可以制造并使用工具。虽然有一些动物也会把自然界的一些树枝、石头等当作工具来使用，但它们不具备设计、制造复杂工具的能力，更别说再用工具来制造复杂工具了。通过不断地自我进化，人类的大脑容量进化得越来越大，智力也远远领先于其他生物，成为地球上具有最高智慧的生物。

当然，我们今天不是来上自然课和学习动物世界的，还是来说说工业革命吧。第一次工业革命，也就是工业 1.0 时代的开启，标志性的节点是蒸汽机的发明，这场彻底改变人类生产力的革命甚至改变了历史的发展进程。

在发明蒸汽机以及一切以蒸汽为动力源的机器装置以前，绝大部分的手工业都是用人力来驱动简单的机器，甚至是纯手工作业，有小部分运用水力、风力等自然动力。不仅动力源很小，并且极不稳定，基本属于靠天吃饭。人力无法得到解放，生产力也得不到释放。在劳动生产力有限的年代，无法创造出更多的商品是一个致命的问题，物资的匮乏和物价的不稳定也就可想而知了。

纵观人类的发展史，从原始人摸索制造出石刀、石斧、弓箭开始，一直到发明冶炼青铜器、铁器的方法，科技虽然在进步，但幅度很小，能够造成的影响也仅仅是获取食物、争夺地盘以及劫掠奴隶。其他的工具比如

车轮、齿轮、杠杆等也只是对生产力的进步起到一定的促进作用。还没有哪一个发明能够使生产力产生突飞猛进的发展，进而影响社会的变革进程。这是由于这些工具并没有把有工具者和无工具者的生产能力以及创造价值的能力彻底分隔开，形成无法逾越的鸿沟，换句话说就是基本上还处于同一起跑线，没有因为生产力的先进和落后形成剥削和被剥削关系。

在第一次工业革命到来之前，绝大部分产品都是手工制作，劳动者更多的是家庭、氏族或以小型区域为单位，进行简单的协作，并没有大工厂的概念。劳动时间和劳动强度也相对比较随意。除了战争因素外，并没有因为要从事劳作引发大规模人口迁徙。农耕经济延续了几千年，等待的就是一个由生产力技术引起的爆发点。

在第一次工业革命以后，人类社会进入工业 1.0 时代，蒸汽机的出现使复杂工具的自动运行成为可能，促使生产力得到飞跃发展。劳动强度和劳动时间都有了极大提高，劳动日益单一化。掌握复杂劳动工具的一定具有雄厚的资本做支撑，所以逐渐有了大工厂的概念。这些工厂为了提高生产效率和利润，把制造的产品逐渐单一化，形成了共同协作的大工厂集群。刀耕火种的农民为了改善生活，开始走出田间，进入工厂，学习操作机器，成为第一代蓝领工人。这是人类社会从农业时代走向工业时代的开端，也是城镇化建设的开始。

这场 18 世纪后半叶在英国爆发的史无前例的工业革命，改变了人类历史的进程。这场革命不仅是技术和经济上的革命，而且也是复杂的政治、社会、文化的大变革。它对于英国社会生活的各个方面都产生了极其深远的影响，其中最重要的就是启动了英国的城市化进程，使英国成为最早进行城市化的国家。（陈爱君. 第一次工业革命与英国城市化[J]. 上海青年管

这一次由蒸汽机所引发的工业革命除了使人类获得了远超过去的生产加工能力，还利用蒸汽机制造出了火车、轮船这些先进的交通工具，引发了一场物流革命。过去一个地方生产的手工业制品只能在一定的范围内流通，纯粹靠人力和畜力的运输很难实现跨区域、跨国境的贸易。小区域内的消费能力有限，不同地区间的自然条件不同，所能获取的生产资料不同，也使生产的商品呈现出明显的地域化差异。这场工业革命带动的物流革命使商品可以触达更大的范围，从一个地区流向整个国家，在商品满足了国民需求以后就会流动到其他国家。以前各地区和国家间的生产力水平差距不大，蒸汽动力设备和交通工具出现以后，差距大到无法用人力数量来弥补，一部分国家成为拥有先进生产力的发达国家，掌握了商品定价权，并用来剥削生产力不发达国家。

这时手工业和工业化之间产生了巨大的生产力差距，这是无法通过增加劳动时间和强度能够弥补的，也就进一步加大了剥削者对被剥削者的统治力。社会两大阶层：资产阶级和无产阶级由此产生。诸多老牌资本主义国家（例如：英国、美国、法国等），利用先进的生产工具成了第一批世界工厂。生产出的产品远远超出本国人民所需，也就有了规模化出口的可能，这些商品是落后国家无法生产的，尤其在卖方市场还握有坚船利炮的情况下，这些国家迅速完成了全球资源掠夺，工业水平不发达的国家沦为自然资源输出地，如当时非洲地区和亚洲地区的一些国家。矿产、木材、土地、劳动力都被低廉定价，发达国家进行再加工后用商品再一次剥削不发达国家。由于在科技水平上的封锁，这种由先进生产力主导的经济掠夺很难被推翻，这种经济侵略和科技水平压制相较冷兵器时代的征服延续性更长久，

直至今日拉美和非洲等绝大部分国家，依然处于第一次工业革命以后所划定的世界经济格局之内无法翻身。英国正是凭借此次工业革命从萌芽到成熟这一阶段的原始积累，成为当时的世界霸主，占据了大量的殖民地，号称"日不落帝国"。

由此看出，工业 1.0 时代，即第一次工业革命，使人类社会生产力水平首次发生了彻底改变，也使当时的生产关系产生了不可颠覆的阶层固化，在此之后一直到今天，世界格局也并未发生大范围的变革。由生产力的改变，影响到了全世界范围内的格局变化，这是技术影响社会制度的开始。除了军队和武器以外，生产力的技术革命也切实地改变了人类社会的发展进程。其影响力远不止局限于工业领域，这就是后来的每一次技术变革都能够称之为一次工业革命的原因。

前文回顾和了解了工业 1.0 出现前后的情况，也切身体会到了工业革命带给人类社会的影响。

1.3 工业 2.0：工业大跃进

我们刚刚谈到第一次工业革命使众多的农民从田间走进工厂，从第一产业走向第二产业，成为工业化以来第一批蓝领工人。他们操作着蒸汽驱动的简单机械进行生产，虽然生产效率比起手工操作已经有了很大的提高，但通过蒸汽动力来驱动一些简单结构的齿轮、杠杆等机械部件进行动作单一的生产加工动作，仅能够在某些环节代替人力，无法实现复杂的连续动作。如果想要实现一套完整的加工动作，蒸汽驱动在效率提升上面仍有其局限性，所以并没有广泛地取代人工。那个时代初期制造的由蒸汽驱动的

车子也并没有比马快多少，机器设备也都需要不断地改进才能提供生产力，但也为后来的第二次工业革命打下了坚实的基础。

蒸汽机的发明是工业 1.0 时代的标志，那么工业 2.0 时代就是以电力的广泛应用为代表，发电机的发明自然就成为第二次工业革命即工业 2.0 时代的标志了。交流发电机的发明人尼古拉·特斯拉被认为是那个时代非常伟大的发明家，这就是为何埃隆·马斯克要把他心爱的电动汽车品牌命名为"特斯拉"。

以蒸汽机为代表的第一次工业革命带动了物流革命，以电力为代表的第二次工业革命带动了能源革命，电力的传输比煤炭、蒸汽更加高效、低廉，可以把工业所需的能源运送到更远的地方，使建立工厂的场地不再严格受限，这一时期也开始出现了把产能转移到人工成本、建厂成本和土地更低廉的国家和地区。这种行为降低了商品成本和价格，提高了大部分普通人的生活品质。

以英国为代表的第一批工业化国家占领了非常多的殖民地和新兴市场，国内生产的商品被销售到全世界广泛的国家和地区，这些完全空白的市场购买力惊人。显然蒸汽动力已经无法满足那些意欲将商品迅速充斥全世界市场的大资本家，他们需要更加强力、高效的动力来驱动复杂的机械装置，来更大程度地代替人力，更多地用设备来取代人工，这是工业 2.0 时期所追求的。由电力驱动的电气化设备可以实现更复杂、更高效的加工动作，完成质量、精度、速度都是人力所难以企及的，它由多个能够完成单一动作的电气化设备组成，可以完成具有复杂加工、组装动作的流水线生产。

蓝领工人从使用辅助性机器完成生产的主导者，过渡到机器的维护者，

人在生产中的作用从主动变成了辅助，这也使得手工业者和工业化生产的力量对比变得更为悬殊。每一位蓝领工人都从需要掌握复杂的加工动作，变成学习如何操作和维护机器。工人的工种也随着生产设备种类的日益细分化变得越来越多，分工也越来越细，专用设备的功能性完善进一步提高了生产效率和产品的良品率。

受益于社会普遍受教育程度的提高，专门培养蓝领工人的机构越来越多，从事大规模生产的工厂所需的人力也得到了满足，第二产业比第一产业收入更多更稳定，刺激更多从事第一产业的社会劳动力走进工厂，工业 2.0 时期老牌发达国家的城镇化得到了更加飞速的发展，富裕的工人可支配收入增多，同时他们从可以自给自足的农民变成专业工人以后必须花钱购买食品和生活必需品，更进一步刺激了商品的消耗，带动了社会经济的发展。

除了英国、美国、法国、德国等老牌发达国家，日本也在第一次和第二次工业革命更替之时抓住机会迎头赶上。这些国家通过工业 2.0 所带来的经济和军事力量飞速发展，已经遥遥领先于世界平均水平，并开始了商品、经济，甚至是军事上的对外输出扩张，这个时期的发达国家也都成了好战分子，通过工业化带来的经济和军事力量大肆对外扩张，寻找下一个空白市场。在世界范围内的对外殖民和侵略也在此时期形成了初步格局，这是工业革命对世界政治、经济等方面产生影响的有力证明。

在以蒸汽为动力源，也就是直接烧煤为能源的时代，工厂是拥有自给自足能力的，相对更加独立。到了电气化时代。电力能源被各国政府所掌控，在能源还很匮乏的年代，掌握了电力生产源头的政府也就牢牢掌握住了工业化生产的命脉，强化了对经济的控制权。同时由于电力由政府集中生产和供应，也使得能源的利用更加高效，生产所消耗的能源也可以进行

控制。如何进一步提高生产效率，降低生产成本成了这一时期每一个政府和工厂所追求的目标。

在这一时期（工业 2.0）第一次出现了流水线的概念，1870 年，美国辛辛那提屠宰场引入了生产线来进行大规模生产。到了 1915 年，福特建立了第一条真正意义上的工业流水线，这条流水线上生产的"福特 T 型车"创造了 1500 万（台）年产量的辉煌业绩。

流水线的出现使极大规模生产水平进一步提高，单一分工协作进一步细分化，组成完整商品的每一个部分都成为单一可生产零件，最后再交由专门的组装厂进行组装，这样的大范围分工协作较之前的工业 1.0 时期就有了更大的生产力提升，在非常多的行业得到了广泛的使用。

但流水线也带来了一个制造业痛点，就是协作障碍。我们都知道木桶理论，一只木桶能装多少水取决于最短的木板。流水线由多个不同工位组成，而这条线所能达到的最快速度取决于产能瓶颈工位，一个环节出现堆料卡死，下游一定是待料闲置状态。而在不同工厂间的协作也存在同样的问题，协同生产的工厂上下游瓶颈也越来越严重，无法及时进行信息沟通导致大范围分工协作难以实现。

电话的发明使人类社会的信息传递方式有了全新的开始，对比纸质信件、电报等方式，第一次有了远距离的实时语言沟通方式，也让产业协作链条上的每一个环节都能够实时掌握各种信息，提高了协作效率和影响范围，为未来的工业协同生产乃至全球化提供了可能性。汽车、飞机、轮船等交通工具的技术发展水平也通过产业革命有了长足的进步。受信息交互方式、交通和运输工具发展的影响，人类社会的交流与分工协作达到了一个新的高度。工业制造业已经从能不能生产，发展到如何高效率、低成本

地生产，粗犷、笨重的生产模式已经完全无法适应这一时期的工业发展。

精益化生产，极大限度地控制生产成本，使几个后起之秀的工业化国家占据了主动。除了使用工业设备来生产商品，能够发明和生产复杂机械也成了先进工业化国家的一个标志，技术壁垒和技术垄断在工业 2.0 时期逐渐形成，对后来者形成难以逾越的鸿沟，可以说在这一时期所形成的世界工业发展格局，直到今天也没有太大的变化。

凡事也有例外，我们中国恰恰就是在错过了工业 1.0 时代和工业 2.0 时代初期的情况下，后发制人、迎头赶上，在工业 2.0 和工业 3.0 更迭之际完成了工业化改革，成为世界第二大经济体。

1.4　工业 3.0：春天的故事

回顾完历史上的工业化改革道路，我们来到了现代化工业发展到顶峰的工业 3.0 时代。前两次工业革命都是对劳动力的解放，让生产设备可以从体力上代替人工，让从业者从主导者变成辅助者，更多从事机器维护和技术开发工作，发挥智力优势。随着计算机和信息技术的发展，出现了单片机、PLC（可编程逻辑控制器）和 PC（计算机）等新兴信息技术在工业生产中的应用，这就可以进一步在低级别脑力劳动上代替一部分人力，生产线可以按照事先编辑好的程序进行复杂步骤的自动化动作，在逻辑判断和动作组合上代替人力。

这些复杂控制和逻辑判断的设备使每一台机器都会产生大量的生产数据，设备与上下游之间的协作关系变得更加复杂，不再是简单的加工制品的上下游传递，而是需要把上游已完成工作和下游待做动作，以及产品状

态等更多的信息进行传递，此时传统的协作方式已经无法满足生产需要，急需更高级的信息承载和传递方式来帮助工业发展。

现代信息技术的发展搭建起了一条数据传递走廊，把每一台设备都串联起来，使之前的生产流水线组成一个实物和数据信息共同传输的网络。这使生产设备不仅可以掌握本工位的信息，还可以了解到前一步做了什么、自己应该做什么、下一步将要做什么，当前待加工的产品是什么，处于什么状态，也就是说生产线越来越聪明了。信息技术使工业化生产具有一定的逻辑判断能力，是工业3.0与前两次工业革命最显著的不同之处，也使无人化生产具备了条件。

我们可以想象一下工业3.0时期的典型生产流程，一间工厂从得到用户订单或按照需求预估，进行产品生命周期管理，按照时间段在系统中生成生产需求，在供应链管理系统中给供应商下单，到原材料入库、进入仓储系统，按生产计划下发给每条生产线，生产系统下达命令给每台设备，使其按照生产任务来完成各自的工作，如果某台设备出现故障或产能瓶颈及时反馈给生产系统进行产能再分配和生产计划调整，最后完成组装、检测、出货，生产全过程中需要人工干预的部分越来越少，直至实现真正的无人化。这样一个流程是不是很神奇呢？其实这就是在工业3.0时期，作为先进智能化工厂所具备的技术条件，并非是天方夜谭。这里不得不提到ERP（Enterprise Resource Planning，企业资源计划）和MES（Mechanical Execution System，制造执行系统），这是支撑前面所描述的一切美好场景的基础设施中的重要组成部分。

ERP系统：企业资源计划。这是一套工厂内除生产设备以外，把采购、销售、财务、人力资源、质量关系、物流运输等所有资源都融合在一起的

系统网络，可以实现人、财、物的系统性计划和调拨，有效对各种资源进行管控，并极大地提高工作效率，减少浪费。

MES 系统：是制造企业对生产过程执行管理的系统。这是一套可以使工厂内生产线具有更高智慧的系统，它可以把一个高度浓缩的生产任务分解成一个个细小的生产执行动作，并根据生产线实际状况进行有效分配。在生产过程中实时收集生产数据并加以分析，动态调整后续生产任务安排，使实际生产节奏可以最大限度地满足生产要求。这是普通工厂进化到智慧工厂、数字工厂所必须配备的上层生产管理系统，也是由工业 3.0 工厂更进一步跃升到工业 4.0 工厂的基础性数字化生产系统。

在这两个系统中，ERP 负责连接工厂内部各系统的信息整合与沟通，并且把外部需求和供给与内部资源规划进行融合。过去一家工厂内部的资源更多的是为了满足产能而进行的规划，无论是设备采购、工人招聘数量、如何排班，都是围绕着产能转，但都是孤立的、被动的，无法满足产能需求，一般都是出现瓶颈后再进行补救。而外部市场的变化很难预测并且是波动的，工厂内如果只能被动改变就会承受巨大的成本压力。ERP 系统就是帮助工厂内部可以更全面、更快速地响应外部环境变化，缩短时间周期、提高效率。管理学上有一句话叫："枪声一响计划就都变了"，ERP 就是帮助企业在枪声响起，战斗开始以后，可以有条不紊地进行计划调整，并实时进行修正，保证资源利用率最大化。

MES 是让中央管理系统可以随时掌握最终端生产设备的状态，让产能利用率不断提高和优化，消除生产瓶颈，不断地让生产管理的颗粒度越来越小，这是企业实现精益化生产必不可少的。

在工业生产力技术进化的过程中不断地有人提出质疑——机器换人、

无人化生产，这些如果都实现的话，人类是否会因此大规模失业？如何解决这一社会性难题呢？其实我们大可不必担心，这些担心的前提是什么呢？那就是现有的生产已经可以满足全世界人民的物质需求，在生产总量恒定的情况下机器逐渐取代了人，而这部分人无法找到新的工作，从而导致失业，并引发一系列社会性问题。

这其实有点杞人忧天，当前虽然我国及部分工业化发达国家遇到了一些产能过剩的问题，但说全球范围内都是需求饱和状态有点为时尚早。一部分物质生活仍没有得到满足的发展中国家和贫困地区还享受不到大量廉价商品所带来的好处，一方面是因为国际政治因素导致的剥削与被剥削的关系；另一方面因为物流运输等因素导致廉价商品到达目的地以后不再廉价，这还需要通过全球化生产和资源平衡分配来解决。而一部分已经相当富足的国家和地区人民已经开始追求更高层次的消费，这就需要更多的高质量生产者和设计者去满足他们的需求。所以并不是需求不存在了，而是已经开始一部分消费升级，需要更高的生产力水平才能够满足。

由此可见，不管是廉价品还是高级品，在全球范围内的消费需求还远远没有到达饱和状态，尤其是中国作为世界工厂的定位，更是要考虑到全世界人民的需求，而非仅局限于满足本国人民。我们构想中的无人化工厂解放了大量的生产者，这部分人通过自我升级就可以适应更加智慧、更加高效的工厂，进一步对工业生产进行升级。从古至今人类的学习能力和适应能力，才是有别于那些被淘汰物种的最大优势，任何先进的生产力都是为了让人类过上更好的生活，而非使人类变得无用。

可以说工业 3.0 所达到的高度，是工业历史上所能达到的极大规模自动化生产的顶峰。我们可见的优点非常多，比如极大提高了生产效率，降

低了生产成本，解放了劳动力等。这么多的好处，但也都难以掩饰在当今生产力和生产关系中所表现出来的痛点，或者说力不从心之处。

1.5 工业 3.0 存在的痛点

在工业协同生产全球化日益发展的今天，我们可以用相对低廉的价格享受到产自世界各地的商品，中国更是凭借强大的全产业链工业基础以及人口红利成为世界工厂。低价的生活必需品使相对不太富裕的人群也享受到比过去更好的生活，这相当于提高了生活质量的底线，这是对全世界最广大的发展中国家和欠发达地区人民的普惠型福利。

每一个商品制造者为了降低生产成本，追求极致的大规模工业化生产，普遍采取了加大产量、减少生产品种、绑定上下游供应链，甚至是降低原材料品质等方法。这样的做法使得生产链条越来越僵硬，任何一个细小改动都带来牵一发而动全身的问题。变动带来的后果是生产成本急剧增加，导致工厂更加不愿意进行改变。试错成本太高，使制造业变得越来越保守。

为了降低终端售价、争夺市场份额，每一家工厂能够生产的产品越来越同质化，供应商能够提供的原材料也越发单一化。像我们平时都接触到的手机、电脑等电子产品，品牌商能够拿到的重要零件——屏幕、CPU、摄像头等，都垄断在 1～2 家供应商手里。供应商不会考虑品牌方的精巧设计和消费者的实际需求状况，只要配合苹果或三星进行了研发设计并最终实施生产，其他品牌如小米、华为等也只能照单全收，想不想要都只有这些材料可以采购。很多人都对"带刘海"的手机屏幕深恶痛绝，但在市场上这种手机却越来越多，这就是设计和体验向成本做出的无奈妥协。对于

这些垄断型供应商来说，最好的产品是最低成本、最高利润、最大产量的产品，而不是消费者最想要的产品。所以品牌与品牌之间，最主要的产品性能会趋于统一，只能在有限的范围内进行优化，制造出一些购买噱头，一些高端安卓手机研发出的升降摄像头以及滑动后盖就是一种妥协后的再创新，为了去掉难看的"刘海"所做出的补救措施，但这其实并非是为了消费者体验而进行的设计。

汽车产业也是如此，一款新车从研发到投产需要数年时间，投入经费高达几十亿甚至上百亿。一款车型上市后生命周期要维持6~8年，这中间每一个产业链条都是固定的，很多时候受限于某一环节出现的技术瓶颈，导致新产品很难做出完美设计。比如我们会发现一些国际品牌的车型和产品线很丰富，小型车、中型车、大型车、SUV等，但比较懂汽车性能的朋友会发现5个系列产品、超过20个细分型号，竟然用的都是同一款发动机和变速箱，只是通过技术手段对功率进行了微调来拉开档次。为什么会这样呢？因为按照生产成本来计算，为了低端产品专门设计生产一款低性能发动机和变速箱，会比直接应用高一档的成本还要高，在极大生产量的情况下已经把现有产品的成本压缩到了极致，所以另行设计是很不划算的。这种生产方式带来的后果就是高端用户由于使用和低端产品同样的核心部件，无法显示出高端产品的优势而不满，普通用户则需要承受更高的油耗和使用成本，造成两头不讨好的局面。

在同质化日益泛滥的市场当中，有些厂家也接受个性化定制商品，希望能够在红海市场中寻找新的蓝海。为什么这种个性化市场看起来很美，但始终没有形成规模化呢？要么就是价格高得离谱，比如劳斯莱斯轿车都是高端定制化生产，价格让人望而却步，交货期按年计算。还有一些产品

是可选项有限，仅能对几种颜色和印刷字体进行改动，而且厂家也只是拿来当作宣传噱头，并不愿意所有消费者都选择定制生产。这一部分原因是真的成本过高，利润无法达到预期，另一部分原因是生产中实现困难，严重影响生产效率。

这就是产业链和消费者被工业 3.0 时期这种极大规模自动化生产所绑架的后果，用一句话来形容就是：刚猛有余、柔性不足。其实有相当多的消费者还是愿意多花一些钱来购买更符合自己需求的商品，进行一定程度的个性化定制，只是在目前的制造生产条件下无法得到满足。现实中的状况也是迫于无奈，任何商家都是逐利的，做出这种选择也属正常。如果改变现状进行突破创新就可以赚到更多的钱，那一定会有大量厂家跟进。

现有销售模式下，厂家过于依靠经销商和电商平台的力量，大部分商品中间环节利润都是要超过制造端的。在个性化定制生产的销量还不是很高的情况下，剩余利润还要被中间商分成，工厂的动力不足也就不奇怪了。

要想真正实现理想中的按需生产、柔性化生产、个性化定制，一定要打破目前的生产链条和销售模式。生产线柔性化带动产业链柔性化，销售模式灵活直接，消费需求才可以百花齐放，创造出丰富的消费场景。

"一口吃不成个胖子"，我们也不要期盼一夜之间就穿越虫洞，来到工业 4.0 时代。现实中最好的情况是用工业 3.0 来解决生活必需品需求，提高整体生活品质，实现小康水平。用工业 4.0 的按需生产、个性化定制，来满足迅速成长的中产阶级人群所带来的消费升级、消费红利，让制造业提升附加价值。可以肯定的是，在未来相当长的一段时期内，可能是 10～20 年时间内，都会是工业 3.0 和工业 4.0 并存的阶段。

1.6 工业 4.0：西天求真经

如果说前面讨论的工业 1.0、工业 2.0、工业 3.0 都是看得见、摸得到的，那么今天说的工业 4.0 究竟是个什么样子呢？这个大家谁也没见过。自从德国人提出这个工业化革命的新方向以后，世界各国制造业都提出了自己对应的发展计划。美国提出了工业互联网概念，希望能够通过 IT 技术的优势自上而下地改造制造业，把大数据分析、人工智能、先进半导体技术等引入工业领域。看似都是把信息化、数字化技术合理运用到制造业，实际上德国是利用制造业和高端装备优势，通过高度模块化和标准化再以信息技术进行辅助，实现数字化生产，是一种自下而上的，硬件+软件的方式。美国是利用领先全球的 IT 软件技术，来自上而下、由软到硬地，使硬件系统互联互通的方式。中国发布了"中国制造 2025"计划，工业化和信息化进行"两化融合"，并没有把软件和硬件放在主次位置。殊途同归，大家喊的口号不同，其实都是要把硬件和软件两种技术的优势进行结合，充分利用近些年来飞速发展的 IT 技术带动制造业发展。

那这一次工业革命究竟是怎样一个理念呢？

如果说要应对单一商品的大批量生产，追求极致的良品率和超低的生产成本，工业 3.0 可以给出最完美的解决方案——在一个没有人、关着灯的工厂，生产系统自己下命令、自动生产、自动检测。这是多么理想化的一种状态呀！可是为什么我们还不满意，还要继续进行工业改革呢？

因为人类对于物质和精神需求的渴望是无限的，能吃饱肚子的人是不会满足于仅仅吃饱肚子的，能过上富足生活的人也还会继续追求当前无法得到的东西，即使成为顶级富豪也还有他需要满足的精神世界。

过去讲究的是人有我有，后来讲的是人有我优，而未来讲的是人没有的我有。这就把过去只会跟风生产，单纯模仿的工业企业给难住了，我也不是消费者肚子里的蛔虫，我哪知道你们需要什么呀。这时有想象力的同学站出来说话了："有没有一种可能，由消费者提出需求，工厂来满足需求，消费者下单的是他一定喜欢、一定会付钱的商品，工厂生产的是一定可以卖得出去的商品，没有了库存压力，也就没有了销售压力，多么完美的商业模式啊！"

这种模式理论上是很好的，我们还为这种新的商业模式取名为：C to M（Customer to Manufactory），但实际生产过程中真的可以这样做吗？一条生产线上面的订单需求千奇百怪，每一个都有不同的生产排单，不同的供应商、不同的客户、不同的生产工艺要求，这不是要把工厂搞疯掉吗？

这个初看起来非常疯狂的想法，就是工业 4.0 追求到极致所要达到的境界，即工厂的每一个环节都变成一个模块，这些模块之前可以随意组合，模块分得越小，柔性化程度越高，所能达到的定制化生产程度就越高。人的手腕之所以很灵活，是因为组成手腕的最小单元模块是细胞，所以可以随意弯曲，如果把生产线的模块也能打散成细胞那么小，也可以满足任意组合的个性化生产需求。

目前很多工厂虽然都具备了 ERP 和 MES 系统，但两者是脱节的，ERP 是由对外需求引到对内管理，MES 系统则是纯粹的面向设备生产线的生产管理，这两者如果不能完全信息打通，是不可能在数据层和信息层完成工厂数字化升级的。

除了解决单个工厂的信息化，如果要实现产业链上下游多方协作，很多大企业都希望用工业云来解决信息共享问题，所有的协作方都把数据放

在同一个云上进行信息共享。我们都知道多方共同参与的信息系统都面临一个数据安全和数据可信的问题。又有哪家工厂愿意把自己的数据拿出来随便和别人共享呢？工厂内部数据其他人未必相信，如果大家都用第三方云进行存储又涉及生产数据泄露的风险。信息共享问题到目前为止还没有一个完美的解决方案。各种轰轰烈烈上马的工业云平台彻底沦为空气云，没人敢用，只能做个面子工程。

直到区块链这个可以解决信任、安全、去中心化的技术横空出世，我们发现这不就是可以打通工业企业内部系统和外部系统的底层数据网络协议吗？如果企业的内部系统可以通过云技术来收集数据，再通过工业云平台对接到工业区块链网络，这些数据就可以成为各方互信的数据，再进行外部交互时也可以通过非对称性加密的公钥私钥加密，来保证数据的安全。

我们都知道工业4.0相对于工业3.0的进化，不单单是改进生产线效率，更多的是在信息流层面，从过去的单向传输，变成多向传输，由串行到并行。流水线可拆散，可柔性化生产，也是要基于整个工厂的完全数字化，所以通过内外部网络数据传输的区块链化，使全产业链信息全部打通，也就达成了工业4.0的第一步。

第二步是通过传感器技术、物联网技术的发展和 IPv6 技术的全面应用，使更多的点都成为接入数据源，既可以采集，也可以接收，全面联网、上链。这些数据汇集到一起，通过人工智能和大数据分析，使工厂掌握的信息和消费者的需求越来越匹配。

第三步就是没有产能过剩，没有资源浪费，生产100%等于需求。

不管是 C to M 还是 F to C（Factory to Customer），都可以在未来达到

高度的信息对称以后得以实现，这就是工业 4.0 的顶峰，也是我们历尽九九八十一难，最终从"西天"求取回的"真经"。

1.7 罗马不是一天建成的

有一句古老的谚语：Rome was not built in a day（罗马不是一天建成的）。我们中国也有句古话：冰冻三尺，非一日之寒；骐骥千里，非一日之功。人类要想完成第四次工业革命，走进工业 4.0 时代，实现制造与需求信息的完全对称，可不是用几天就可以完成的，可能几年也无法全部完成。

从历次工业化改革的时间历程来看：

工业 1.0：18 世纪 60 年代至 19 世纪中期（约 1760 年～1850 年）。

工业 2.0：19 世纪 70 年代至 20 世纪初（约 1870 年～1900 年）。

工业 3.0：20 世纪 50 年代至今（约 1950 年到今天）。

工业 4.0：2010 年由德国政府提出。

前三次工业体系革命，都经历了大约一百年的时间，而从工业 3.0 开始到工业 4.0 概念的提出，仅仅几十年时间，而且究竟工业 4.0 应该是个什么样子也都还在摸索阶段。可以预见的是，未来在相当长的一段时间之内都将是工业 3.0 和工业 4.0 并存的局面，这也符合本书前面所阐述的观点，大规模集中生产和柔性化按需生产这两种工业化方向并不是完全矛盾的，不是绝对的先进与落后的关系，工业 4.0 也不是来完全取代工业 3.0 的，需要各自去解决需要解决的生产力和需求问题。

通过前面的讲述，我们对于未来进入工业化新时代的美好前景充满了

期待,然而现实情况还是困难重重的,究竟有哪些痛点和问题需要解决呢?

数字仿真、数字化双胞胎、生产线数字化、ERP 和 MES 打通等,这些进入工业 4.0 的基础设施和门槛是目前卡住众多亟待升级的工厂的一大难题,在这里我们先排除资金问题,单从技术层面看为什么这些很好的系统得不到应用呢?

这里涉及一个很大的问题需要解决,就是实物数字化,也就是固定资产变成数字资产,实物如何数字化的问题。工厂里跑的所有软件系统都是用计算机语言编写的,能够识别的也都是代码,简单地说就是"0"和"1"。一吨不锈钢、一升药剂、一百个轮胎,这样的实物如何变成数字化的表述,准确无误地输入到数字化网络中,形成数字化映射?如何能够在数字化网络中给每一件实物都创造出一个数字化双胞胎,这是一个很大的问题。有的人可能这样认为:先派一群人去清点,然后再派一群人去输入到系统中不就解决了吗?

现实情况恐怕没有这么简单和乐观,首先绝大部分工厂的固定资产盘点就是一本乱账,很多时候库存管理都是手工记账或者 Excel 记录,连最简单的定期盘点、先入先出,库存量最大值和最小值预警机制,这些基本要求都做不到。另外,资产管理部门和生产部门各有各的账,完全脱节,导致管理层完全不了解实际的状况和未来的需求。

还有一方面原因,除了这些可盘点的固定资产,很多在途的货物、在生产线上的产品、很多抵押物等,如何将这些状态和所有权都处于变动中的资产实现量化和数字化都是个难题,所以最终数据的准确性是很大的问题。如果不能在数字化网络中获取到所有实物的信息,也就无法对其进行控制和流转。

即便我们解决了上述问题，解决了我们内部的数据准确性问题，在内部与外部进行数据沟通和写作的时候，还有一个数据可信性和安全性的问题存在。

首先，我们内部数据的来源通常是需要保密的，那这个最终的数据结果外部协作节点是否认可，数据放出去以后是否会被泄露和篡改也是我们最关心的。

所以说资产数字化、数据可信性、数据安全性，这些都需要可靠的技术手段来解决。这也是迈向全数字化的工业4.0时代所必须的入场券。只完成硬件改造，没有数字化灵魂，是无法完成工业数字化革命的。

从目前来看，各种传感器技术的成熟、物联网技术的逐步完善、IPV6技术的投入使用，都是促进工业数字化、工业互联网全面落地的优质工具，这些技术保证了数据采集的便利性和可靠性，数据收集到以后通过区块链技术，形成不可篡改、真实可信的数据链，通过非对称性加密技术保证了数据安全性。这些海量的数据使我们更加清晰地了解到工厂的所有细节，用人工智能和大数据进行分析，生产效率会成倍增加，还可以对市场需求的变化趋势实时捕捉，减少库存压力。通过区块链连接产业链各方，完成以前很难快速完成的产业链整合、协作、价值流转。

以前的工业化革命都是在产业内部完成的，而这一次的技术革命是由IT产业结合最新的互联网技术+区块链技术来进行的，所以会更加复杂和具有挑战性。IT（信息技术）+OT（操作技术）+CT（通信技术）的融合，才能逐步完成工业4.0的完全进化，迈进全新的数字化工业时代。

1.8 产能过剩和需求不足的困局

目前制造业企业所面临的市场困局有两点：产能过剩和需求不足。产能过剩问题这几年以来得到了社会的广泛认同，既包括资源和原材料类商品，像钢材、煤炭、水泥、化工类材料等，也包括衣食住行所需要的消费品，像服装纺织品、食品、玩具等。需求不足一方面是因为当下这个时期，本该是消费主力军的青年人被房子、子女教育、养老这三座大山压得喘不过气，无力去进行消费，可支配收入少得可怜。另一方面市场上的商品同质化严重，产品缺乏亮点，使人们没有产生消费冲动去进行购买。在我国迅速壮大的新兴中产阶层带动了消费升级的风口，国际大牌奢侈品都将中国当成了主战场。过去很普通的消费品都衍生出了高端子品牌，高端酸奶、高端瓜子、高端饮用水。这都说明一大批具有消费能力的人群都在等待品质和设计相匹配的商品，就看谁能来满足他们。

当今社会，一谈到产能过剩大家就把罪过压到制造端头上，去产能也好，节能减排、绿色生产也罢，把工厂改造得焦头烂额。我们先来分析下造成产能过剩的原因，在产能过剩之前一定是先由产能不足过渡到产能饱和，最后才是产能过剩的。在产能不足时加大马力生产也无法满足市场缺口，这时候资本的过热投资导致无计划的扩产，完全无视市场的需求状况。完全由资本导向而不是市场需求来规划产能，对市场规律视而不见才导致了产能过剩的悲剧发生。举个例子，如果今年苹果很便宜，桃子很贵，那么农民就会砍了苹果树，拼命去种桃子，那么明年一定是桃子很便宜，苹果很贵。这就是典型的无视市场需求规律，盲目投资产能的结果，其实在制造业这种情况是非常多的。太阳能级硅料在中国大

规模投产太阳能电池片厂时被抄成了天价，随着资本进入市场以后，各地新增了非常多的硅片厂，硅的价格一落千丈。这种例子在过去几十年非常多，如果没有对市场需求变化趋势有一个清醒客观的认识，就会导致产能不足走向产能过剩。

那么需求不足的问题，前面提到的"三座大山"不是轻易能够改变的，我们先放在一边不谈。想要改变制造业的窘境，除了优化产能之外，只有尽力扭转需求不足问题，才是解决问题的关键，拉动内需是 2018 年的热点词语，多次出现在政府报告和媒体上。廉价、同质化的商品充斥市场，但却乏人问津。同时逐渐壮大的中产阶级所追求的有品质、有文化附加值、有个性的中高端商品却在市场上难觅踪影。

俗话说"提着猪头找不到庙门"，有这么一部分消费人群拿着钱却找不到心仪的商品，本着宁缺毋滥的原则，抑制了自己的消费冲动。在市场的两端，一方是盲目生产、深陷泥潭；另一方是持币待购、观望不前。这两方的博弈致使实体经济得不到起死回生的机会，也使消费红利得不到释放。内需不畅，外部和美国的贸易战摩擦愈演愈烈，这是严重影响中国这个世界第二大经济体继续稳步前行的重要阻碍。

破解这个死局的关键绝不仅仅在制造端，目前已经被资金、市场问题压得只剩一口气的传统工业已经禁不起折腾，不管是数字化工厂、工业 4.0 改造，都只是续命，不能治病。

解决需求不足的问题一定要从需求方入手，如何能让消费者真正的需求直达工厂，信息不对称是首先要解决的主要矛盾，供给方和需求方一直在进行博弈，消耗掉了大量的资源，这里面有历史原因。以往的市场销售模式都是通过层层代理，即使扁平化到了只有一层，即电商平台时，供需

两端和中间商相比也是弱势方，尤其是中间电商平台形成寡头垄断以后更是如此。供需关系被中间商掌握，由京东、阿里所建立起的流量平台和信任平台绑架了供需两方，这是当下市场信息不平衡、不对称的主要痛点。虽然在彼时依靠平台的第三方信任使消费者可以放心大胆地进行网购，但当平台成长为巨无霸时却变成了让其他人都畏惧的怪兽，对价格、产品种类、消费习惯等进行管控和干预，让自由市场变得不那么美丽。频频被曝出的平台二选一事件充分反映了供货商已经被电商平台绑架，失去了话语权和自由。

既然中间商模式存在这么多问题，能否去掉中间平台，建立起一个由消费者、制造端产业链共同参与的自由交易网络，由消费者直接发起购买需求，提出个性化要求，工厂直接接单并响应，用工业4.0的架构进行供应链协同生产，智能物流配送到家，收货后系统自动付款。用这张自主维护的供需网络把信息不对称降到最低，彻底激活消费市场。

那么这张美丽的大网之间无法打通的节点靠什么来建立连接呢，这就是已经被写入"十三五"规划中的，已经被无数次提及的区块链技术，通过分布式记账来使陌生的双方建立起信任，由技术来解决以往靠第三方平台建立起的信任问题，这就是在自由贸易中起关键作用的智能合约技术，也是区块链技术中非常重要的应用方向。

工业4.0+区块链智能合约=市场4.0，这就是解决产能过剩与需求不足痛点的一套组合拳。

第 2 章

智 能 制 造

2.1 未来制造的核心

每一次工业革命都是人类社会发展的分水岭。工业革命之前，人类社会面对的最大问题是"生产不足"，而工业革命之后的最大挑战则是"需求不足"。然而，当我们陷入产能过剩和需求不足的困境时，不得不认真讨论一下工业所面临的三大永恒难题——效率、质量和灵活性。

在工业 1.0 和工业 2.0 时代，我们面对的都是产能不足的问题，就是通过不断地改进生产来突破产能的瓶颈。而到了工业 3.0 时代，工业的演进分成了自动化和信息化两个分支，自动化仍然在解决产能的问题，信息化则开始解决效率的问题。但是有一个问题始终没有被解决，这就是灵活性。

灵活性重要吗？

当然，比如我想买一件特别设计的衣服，但是商场没得卖，去定制又太贵，导致生产和需求的不匹配。也就是说，我们不断提高生产效率，在通用需求的满足上远远超过了全人类的需求，造成了产能过剩，但是在一部分个性化需求的满足上却不及格，需求释放不出来。这就是当下全球都面临的灵活性问题。

灵活性有三重含义：第一是如何增加可生产产品的种类，第二是如何缩短产品上市时间，第三就是如何把前面这两件事做到跟大规模生产一样低的成本。

从大规模生产到大规模定制生产，以通用性产品一样的成本和效率生产出多样性的产品，快速满足市场不断变化的需求。未来制造正是要解决这个问题。

让我们看看目前制造业是怎么做的吧？可以简单理解为集成。

比如，很多企业采用机器人、AGV（Automatic Guided Vehicle，自动导引车）等代替人工提高生产效率，这是水平集成，主要是为了消除在生产节拍上的不匹配，可以消除中间搬运、上下料等时间耗费，提高生产连续性。而垂直集成就是将生产动态发送给 MES，实时跟进生产动态的调整，这一点对解决灵活性问题非常重要，因为订单的变化必然牵扯到更多设备之间的联动变化，包括位置的调整、加工模式的改变，因此，必须有一个全局的大脑来统一协调，才能满足需求的变化。而且，产品质量也必须被实时掌控。

这个过程中，最重要的是数据，所以说，未来制造业的核心就是要实现数据流动的自动化，也就是老生常谈的"数字化"。

2.2 各主要国家的智能制造观

既然大家已经达成了共识，认为数字化转型是打开智能制造这扇大门的钥匙，那为什么每个国家选择的战略叫法不同，路径和侧重点也有着非常明显的不同呢？这就要从历史沿革说起了。

这一方面取决于各个国家的制造业基础和国情；另一方面，各个国家在制造文化和哲学方面存在差异。比如，互联网与商业模式创新是美国的强项，所以美国人提出了"工业互联网"的理念；德国在制造业的核心优势是装备制造业以及生产线自动化，所以德国"工业4.0 的"实践关注生产制造过程本身；日本制造业的强项在于制造现场，因此日本人制造业革新的重点放在工厂自动化与 IT 的融合上，倡导"工业互联"。

就目前世界制造业的格局来看，德国、美国、日本依然拥有其他经济体无法比拟的核心优势，并牢牢掌握着世界制造业的话语权。我们就先从这三个国家的制造业革新动向说起吧。

美国：复兴之路

都说"实体制造业是中国经济的压舱石"，恐怕美国的体会更深。2018年10月5日，美国白宫发布了四年一度的《美国先进制造业领导战略》（Strategy for Amerrcan Leadership in Advanced Manufacturing）。在中美贸易摩擦的持续影响下，美国希望通过重塑制造业的核心竞争力"赢得这场胜利"。

我们都知道，美国制造在军工、航空航天、新材料、新能源开发等领域一直保持着领先，但从20世纪70年代开始，在政府的带动下，美国经济重心从制造业向服务业等第三产业转移，大量资本从制造业撤出，部分大学甚至关闭了制造技术和制造科学的课程。到20世纪90年代，美国完成国家信息化的产业转移，实现了在信息科技和金融业的垄断地位。历史的车轮滚滚向前，2008年，一场由美国次贷危机演变而成的金融海啸席卷全球，美国政府发现这种长期经济空心化给国家带来了重大隐患，所有繁荣都好像一个气球，硕大无比但一戳就破。

美国政府开始致力于再工业化，吸引制造业回流本土。这一次，美国祭出的王牌是工业互联网，也就是基于信息技术优势，自上而下推动互联网与制造的融合。工业互联网强调工业资源的互联整合、优化配置，通过软件控制应用和软件定义机器的紧密联动，促进机器间、机器与控制平台间、企业上下游间的实时连接和智能交互，最终形成以信息数据链为驱动，

以模型和高级分析为核心，以开放和智能为特征的工业系统。

这个过程实际上是充分利用了数字的价值，美国人用自己所擅长的"软服务"颠覆了传统制造业的一切生产、维护方式。在节约成本、提升生产效率的同时，做到通过数据智能化管理工厂的一切，包括人、设备等，通过先进的传感器、控制器和软件应用程序将现实世界中的机器、设施、生产线和网络连接起来。

案例

GE 是美国工业互联网转型的典型代表。以电力行业为例，在降本增效的大背景下，实现数字化转型，提升发电效率、降低故障频率、下降运维成本、实现电力资产运营全生命周期效益最大化，已经成为众多电厂的不二选择。GE 在全球范围内安装了超过 5 万台机组，这些发电设备每天都会产生海量的运行数据。如今，位于美国佐治亚州亚特兰大市的 GE 电力数据监测与诊断中心作为 GE "数字大脑"正在为全球 75 个国家、946 家电厂、2500 多台燃气轮机和发电机组提供智能监测预警服务。每天都有来自全球机组逾 5 万运行小时的实时数据向亚特兰大的电力数据监测与诊断中心传送，迄今为止，该中心已经从 2 亿多机组运行小时的数据中收集了约 120TB 的数据量，其 60 位数据科学家和工程师们会对每年 6 万多次预警进行分析，并全年无休地帮助客户不断强化发电设备的性能与可靠性。仅 2017 年，该中心就帮助客户节省超过 3 亿美元的支出，成为众多电厂最可靠、最值得信赖的伙伴。

除了专注发电侧，GE 还有一个专为电网服务的中心，并通过搭载了 GE Predix 云平台的电力数字化解决方案来提高发电厂和电网的可靠性和

效率，突飞猛进的软件性能和计算能力极大地提高了 GE 远程支持全球客户的效率。这样一来，10 年前 GE 要花几个小时乃至几天时间来完成的监测任务，现在只要几分钟就能完成。

人的智慧不可小觑，配有上百个传感器的燃气轮机每秒钟会向亚特兰大发出 100 万个数据点，GE 的数据科学家和工程师们针对这些数据开发出了上百种专利算法，可针对小到传感器、大到燃气轮机压气机等 250 多种潜在故障提前进行预警。仅在 2017 年，GE 电力数据监测与诊断中心就收到了 6 万次预警和 1 万次客户电话。

不仅如此，GE 的数据科学家和工程师们还会结合统计模型、物理模型和专家知识将海量数据转化为洞察，并不断改进算法和分析工具，并由此提高故障预警成功率、减少误报，让电厂真正了解每台机组的运行情况，并根据 GE 的建议，提高机组的可靠性，最大限度地减少计划外停机。正是有了这些深刻而独到的专业实力，以及在数据处理、执行操作上的精准，GE 才得以游刃有余地为客户带来显著的收获。

德国：硬核玩家

汽车、钢铁、机床……提起德国，人们自然而然想到这些令人叹服的工业科技，以及他们的国家战略"工业 4.0"。

2013 年 4 月，在引领全球制造业风向标的汉诺威工业博览会上，德国政府正式提出"工业 4.0"主张，之所以称为主张，是因为"工业 4.0"这个概念在当时还只是德国工程院递给德国联邦政府的建议，并没有那么高的战略高度，自然也就没有引起多大的反响。

故事的开头总是这样，适逢其会，猝不及防。谁会料到，"工业 4.0"

一词随后在中国走红，一时间，风头无两，被认为是全球制造业未来发展的方向。但让人们困惑的是，"工业4.0"好像是万能的，大数据、物联网、云计算……什么都能算工业4.0，但又什么都不是工业4.0。问题到底出在哪里呢？

作为全球制造装备领域的领头羊，德国制造工业是世界上最具竞争力的制造工业之一，这在很大程度上源于德国专注于创新工业科技产品的科研和开发，以及对复杂工业过程的管理。

德国很早就面临劳动力短缺的问题，因此不得不通过研发更先进的装备和高度集成的自动化生产线来弥补这个不足。这在德国数控机床的发展中体现得尤为明显，德国人在数控机床的高精、高速、高效、复合等方面不断努力，通过材料的轻量化设计、系统动态特性的改进以及交换工作台等设置提高数控加工效率，通过对发热元件的冷却、GPS定位技术等提高加工精度，而且这些工艺特性都是以功能包的形式固化在机床中的，从而确保了加工产品的可靠性。

除了拥有强大的设备和车间制造工业，德国在信息技术领域、嵌入式系统和自动化工程方面也有拥有很高的能力水平和专业技术，比如，世界知名的企业资源管理（ERP）系统、生产执行系统（MES）、自动排程系统（APS）等软件的供应商都来自德国。有了这些软件，企业大量的信息录入和计划的生产及追溯就可以通过软件自动完成，从而尽量减少人为因素带来的不确定性。

这些因素共同成就了德国世界第一的装备制造业大国地位。在机械制造业的31个部门中，德国有27个占据全球领先地位，处于前3位的部门共有17个，成为名副其实的世界工厂制造者。

然而，随着制造业工程领域的全球化竞争变得激烈，不仅来自新兴经济体的成本竞争对德国造成了威胁，远在大洋彼岸的美国牢牢掌握着信息产业和互联网行业的话语权，并通过程序提升"先进制造业"来采取措施反对"限制工业化"。德国迫切地需要一场工业革命，来巩固自己在制造业的地位。

"工业 4.0"被看作是提振德国制造业的有利催化剂。基于机电一体化的制造优势，德国将工业 4.0 的核心确定为自下而上推动制造业与信息技术融合，借助于嵌入式信息物理系统（Cyber-Physical Systems，CPS），实现生产过程由集中式控制向分散式增强控制转变，目标是建立一个高度灵活的个性化和数字化的产品与服务的生产模式，达到快速、高效、个性化的产品供应。

在这一转变中，厂商们将以 CPS 为框架建立包含其设备、仓储系统和工业产品的全球性网络。从 CPS 的设备基础改进到涉及制造、工程、材料使用和供应链以及生命周期管理的工业工序，数字化工厂将使用一种全新的途径来生产产品。也就是说当指令经过 CPS 时，生产制造系统通过纵向集成打通了工厂和公司的商业流程，通过横向集成连接可以实时管理衍生价值体系，这两方面共同构建了嵌入式制造的系统网络。在制造流程中则通过端到端的集成，横跨产品的整个价值链，以促进选择决策的制定。

案例

西门子是"工业 4.0"的主要倡导者及积极推动者，并在数字化转型的过程中取得了实实在在的效益。位于德国安贝格的西门子电子制造工厂

（Electronic Works Amberg，EWA）就是智能化未来工厂梦想实现的雏形，被誉为最接近"工业4.0"的现代化工厂。

与"看不见摸不着"的"工业4.0"有所不同，EWA在外观上还保持着1989年建厂时的模样，然而，就在这座外观与工人数量基本维持原状、连生产面积都未曾改变的工厂内，产能却较1990年提升了8倍。这主要得益于高度数字化的生产流程。

厂房内，前道的电路板组装线实现了高度的自动化，在两条不同类型的产品组装生产线中，一条线组装的产品的配置非常复杂，因此保留了较多的人工工位，但通过防呆设计，降低了对工人的技能要求；而另一条线由于产品配置的种类较少，则采用完全的自动化组装。

高度的数字化带来的是更高的生产灵活性、更短的产品上市时间以及更高的生产效率和产品质量。据了解，EWA在24小时内就可将面向全球约6万名用户的产品做好交付准备；每年可生产约1200万件零部件，按每年生产230天计算，即平均每秒就能生产出一件产品；相对于1990年投产时的车间，利用率提升了9倍，产品一次性通过率达99.9988%。根据笔者的了解，世界上还没有哪家同类工厂具备如此之低的缺陷率。

德国制造业已经开启了"工业4.0"的革新之旅，一旦成功实现，"工业4.0"将会使德国在继续保持国内制造工业发展的前提下再次提升它的全球竞争力。

日本：机器智能

日本制造业曾经创下辉煌的历史。有资料显示，全世界90%的数码相机是日本制造，日本持有全球37%的半导体生产设备和66%的半导体

原材料。在全球 50 强企业名单中，三菱、丰田、松下、日立、索尼、本田、日产、东芝等国际知名龙头企业位列其中，而它们皆属于制造业领域。

然而，如此强大的日本制造业也有苦恼。愈加严重的老龄化以及劳动力人口的持续减少，让日本政府开始思考如何保持知识传承的优势和其他国家无可比拟的现场制造力。同时，日本也意识到了自己在数据和信息系统方面的缺失，并开始在此方面发力。

首先，日本发布了一系列偏重在机器人及人工智能领域的制造业振兴策略。2017 年，首相安倍晋三明确提出"互联工业"的概念，其三个主要核心就是：人与设备和系统相互交互的新型数字社会；通过合作与协调解决工业新挑战；积极推动培养适应数字技术的高级人才。

说到底就是要基于日本高科技和高现场力的优势，推动产业和社会的融合。面向各类产业，推动企业、人、数据、机械相互连接，产生新的价值，创造出新的产品和服务，提高生产力。

这与日本政府一个更高的目标"社会 5.0"密切相关。日本正在朝着超智能社会——也就是"社会 5.0"方向发展，以解决一些迫切性很强的社会问题，包括老龄化、人手不足、社会环境能源制约等。日本政府每年制定政策的时候，未来的投资计划和战略都包含"社会 5.0"的内容，包括综合的解决方案和创新。

因此，很多日本制造企业推出"工业互联网+工厂自动化平台及服务"的转型方案。构建边缘层+平台层+企业层的网络架构，分别对应现场制造、服务平台及商业应用的数字化服务。在制造现场，通过传感器、执行器等技术进步，连接工厂自动化环境下的各类设备、物料与人，并通过物联网

网关上传关键数据至网络边缘层；服务平台包含物联网前端、物联网数据处理平台及云分析应用。通过对制造现场的数据交互分析，给出反馈指令。这样一来，网络边缘应用与云应用相辅相成，互相补充，在边缘层产生更快的网络服务响应，满足行业在实时业务、应用智能、安全与隐私保护等方面的基本需求，共同构建层级化的、灵活弹性的网络服务。而企业层则涵盖了包括ERP、SCM等在内的核心业务系统，实现工业应用的经营分析与决策。最终形成"生产制造+产品管理+企业能源管理+供应链管理"的多维度联动。

案例

三菱电机在自身智能制造实践中开发出e-F@ctory智能制造解决方案，通过FA（Factory Automation）与IT技术的融合实现效率和价值的提升，为制造业绘制出了一条切实可行的智能化道路。

三菱电机可儿工厂是三菱电机电磁开关的制造基地，作为 e-F@ctory 智能制造方案的典范，通过 "生产信息可视化""能源可视化""安全可视化"，大幅度削减了企业总运行成本，实现了价值递增。

可儿工厂在生产中建立"机器人单元化生产系统"，在插入活动触头、插入固定触头、组装后盖板、紧固端子螺钉、插入端子盖、出货检验这 6 道工序中，使用机器人和各种 FA 设备。与此同时，作业员可利用与系统联动的带盖货架防止零部件错误，使用系统设定扭矩的螺钉旋具以保证生产质量，还通过收集现场数据，排除人为失误并发掘效率改善空间。作业员还可以通过读取印在生产指示书中的二维码，将该信息存入各工序的可编程控制器中。之后会瞬间进入换产，为下一品种的生产做准备，同时还

会通过 MES 接口将生产信息和质量信息经总可编程控制器实时汇集到管理服务器中。

可以看到，生产设备的 FA-IT 信息协同，确保制造现场操作精确，保证了产品质量，并及时更换产线。而机器人和单元化生产组合所带来的巨大收益之一就是可以有效缩短产品交付周期。

此外，可儿工厂还利用 e-F@ctory 提出对各生产设备和生产线的细致管理，以及基于生产生命周期成本的节能计划方案，通过对制造现场的可视化和对能源的"可视化管理"实现工厂的能源高效利用。

2.3 从"中国制造"到"中国智造"

中国制造业在规模和总量方面世界名列第一，但在效益、效率、质量、产业结构、持续发展、资源消耗等方面与工业发达国家差距较大。中国制造业必须从规模、速度的发展轨道转向质量、效益的发展轨道，从高速度发展转向高质量发展，才能在新一轮制造业的竞争中形成持续发展的能力。

"中国制造 2025"实施以来，表征制造强国的多项指标都有了不同程度的提高。中国机械工业联合会专家委员会名誉主任朱森第曾公开表示，2016 年与 2012 年相比，单位制造业增加的全球发明专利授权量、制造业研发投入强度、制造业研发人员占从业人员比重、制造业全员劳动生产率、销售利润率、信息化发展指数（IDI 指数），都有不同程度的提高。各方面、各地对制造业在国民经济中的重要性有了进一步的认识，制造业在智能化、绿色化进程上迈出了可喜的步伐，制造业创新体系的建设

得以加强，转型升级和动能转换提速，一些领域的创新能力和供给能力明显提高。

实际上，中国近年来高度重视制造业研发创新，2015 年中国制造业研发投入强度为 2.01%。在推进智能制造中，一批试点示范企业通过实施制造智能化，生产效率提高 20%、运营成本降低 20%、产品研制周期缩短 30%、产品不良品率降低 20%、能耗降低 10%，充分显示了这些企业在第四次工业革命浪潮中勇立潮头的精神。同时，这些企业还带动了尚处在工业 2.0 和工业 3.0 阶段的制造企业。

中国的国情不同，与制造业发达的国家相比，我们制造业总体上位于世界制造业价值链的中低端，绝大部分制造企业处在工业 2.0 和工业 3.0 之间，因此我们在推进制造智能化的过程中，必须实行并行战略，即"工业 2.0 补课、工业 3.0 普及、工业 4.0 示范"。

目前，各种不同所有制的企业，不论国有、民营抑或内资、外资，都积极参与到智能制造的改造升级中。不少在中国境内的外资企业，自动化业务因此大幅增长。而且，国外品牌的智能制造装备在中国市场的增长，也是有目共睹的。以工业机器人为例，2016 年多关节机器人在中国市场销量 42963 台，同比增长 25.2%，与 2015 年度相比，增速加快 19.1%。平面多关节（SCARA）机器人销售 9553 台，同比增长 51.9%。这两类产品在中国市场的占比分别为 78.5% 和 88.7%。

工业大变革的浪潮浩浩荡荡，大家基本上已经认同，要有未来，升级是必须的，而升级的方向一定是智能制造，对中国制造业而言，这不是一蹴而就的，追求的是制造过程如何一步一步走向智能化。

2.4 智能制造的显著特征

2.4.1 个性化是不是一场灾难

试想一下，假如你在 NIKEiD 定制一双鞋子，从下单到收到货需要整整 30 天，产品溢胶很正常，鞋码还有可能不正，至于价格，大约是正常款的两倍。那么，对制造业而言，个性化是不是一场灾难？

不管是工业 X.0 还是智能制造，确保产品质量、降低生产成本、缩短交货周期才是生产的终极目标。一个不可否认的事实是，如果按照现有生产方式，个性化生产一定会带来生产质量的下降，成本的增加，以及交货周期的变长。

先说质量。质量是在生产中不断迭代出来的。这也就是为什么第一批次产品返回率都比较高的原因。但是通过不断改进，产品的质量越来越高，性能也越来越稳定。当个性化生产来临，质量迭代的时间变短，迭代次数大大减小。尤其是只生产一个产品时，没有参照对象，没有质量迭代，不良品率自然大大提高。比如注塑一个产品，你无法通过工艺改进，确定注塑时合适的保压压力、保压时间等工艺参数，注塑成型的产品极有可能是不良品。

再说成本。质量的不可控导致成本的增加。以卷筒纸印刷为例，印刷机上机印刷前调机以及印刷中变换速度会产生相应的纸张浪费，假定这个数字是 100m，个性化定制 2000m 相比批量印刷 20000m，不良品率足足提高了 10 倍，成本也相应地增加了 10 倍。

由于个性化生产中动态生产系统的调整，生产的位置设定、原材料、工位、加工工序等一系列生产要素都会随着产品的个性化信息而发生变化，机器故障往往造成更大的成本损耗。一旦生产宕机，对于批次生产周期为1个月的产品，停机1小时对整体成本没太大影响；而个性化生产周期变短，如果1天的生产周期停机1小时，产线不增值时间变长，大大增加生产成本。而且，在线质量监测也会发生变化，从而增加质量风险及生产成本。此外，人工、照明、水电各种能源消耗也包含在成本当中。

如今，个性化定制已然成为未来产业发展的方向，不具备个性化生产能力的制造企业没有竞争力。但个性化定制导致产品种类越来越多、工艺越来越复杂、需求越来越多样，所引起的生产本身的复杂性、多样性和不确定性该如何解决呢？这便是智能制造要解决的问题。

2.4.2　数字化设计的魅力

关注工业的朋友们对"数字化双胞胎"这个词一定不会感到陌生，这个最早起源于美国国防部的概念，被 GE、西门子等一众工业领头羊发扬光大，成为实现智能制造、数字化生产的一大利器。在笔者看来，"数字化双胞胎"打开了企业进入智能工厂的大门，解决了数字化生产的起点即产品设计的数字化。

不管是汽车、飞机还是石油、钢铁，无论是家具、食品还是啤酒、饮料，通常我们的产品都是以三维形式展现的，但是在他们的生产过程中，我们却要将这些三维产品转化为工程师语言，即二维蓝图。

工科小伙伴们一定记得上大学时有一门课程叫《手工制图》，没错，在20世纪50年代之前，产品的设计制造都是依赖于手工绘图的。随着 CAD

技术的诞生，产品设计实现了计算机数字绘图。进入 20 世纪 70 年代后，由于飞机和汽车工业的发展，计算机需要处理很多样条曲线、空间曲线，这使得数字化设计突飞猛进地发展，后期加入质量、重心、惯性矩等参数，诞生了 CAE、CAM 模型表达，发展了数字化设计制造技术。后来，波音公司在以波音 787 为代表的新型客机研制过程中，全面采用了 MBD 技术，将三维产品制造信息（Product Manufacturing Information，PMI）与三维设计信息共同定义到产品的三维数模型中，摒弃二维图样，直接使用三维标注模型作为制造依据，实现了产品设计、工艺设计、工装设计、零件加工、部件装配、零部件检测检验的高度集成、协同和融合。

听起来已经实现了所谓的"数字化设计"到"数字化生产"，但是不要忘记，现代工业体系中所有工业分为 39 个大类，191 个中类，525 个小类，集齐全部的类别才能召唤数字化。

下面以一家电子产品生产企业为例，来看看数字化设计是如何影响生产制造的。

从研发开始，到生产规划、制造工程、生产执行，这是一个完整的生命周期过程。在这个过程中，从产品设计开始，研发部门把设计产品的元器件清单、组装图、测试条件等信息输入一个数据库里，第一步就完成了。

接下来到了第二步——生产规划部门，如果还用刚才那个数据模型，内容就不够了，因为那里只有设计参数没有生产参数。所以还要继续输入如何把产品生产出来的数据，比如工艺流程、质量标准等，这个数据库自然就扩大了。

到了第三个部门——制造工程部门，要对生产机床进行编程，各种自动化组态、程序调试使得制造环节的数据进一步扩大，在这个过程中，我

们还需要从 ERP 来调用生产订单的信息，从 PLM 那里得到产品设计信息，然后还要从物流系统中得到物料信息，把这些综合在一起和生产线互动形成生产。

这样一步步下来，数据模型越来越大，在一个数据库中不断扩展开来。以前是各画各的纸张，然后根据一个标准拼起来，现在是大家都在同一张纸上画，每个人一笔一笔添上去，形成的这个数据库就是虚拟工厂，当虚拟工厂和真实工厂实现了互动和同步，一个数字化工厂就形成了。

这样一来，我们就可以在一个虚拟的世界中，在不消耗实体原材料、机器以及人的安全等情况下，对工艺的参数、路径、策略进行仿真，并达到与现实物理实体的理想状态后，再在物理设备上执行，极大地降低原材料的成本、避免危险的发生，并确保设备与设备之间、设备与人之间的高度协同，使生产达到最佳状态。这就是"数字化双胞胎"带来的好处。

2.4.3 柔性制造显奇效

前文提到，个性化定制实现起来其实不难，难的是以类似于标准化和大规模生产的成本、时间和质量水平，为客户提供符合特定需求的产品和服务。这就需要生产制造系统具有高度柔性，从而满足不同规格、不同批次产品的大规模生产。

其实，柔性制造一词早在 1967 年就已经提出了，但是几十年过去了，柔性制造并没有在制造业中得到广泛应用，究竟是何原因？贝加莱大中华区总裁肖维荣博士曾经说过，柔性制造并非是一项技术或产品，而是一个制造思想，它必然是一个发展过程，过去没有落地好那是它尚未完全成熟。如今，通信技术使得信息交互变得容易，而部署计算存储资源也较之过去

拥有更低的成本，建模仿真等软件技术也更为成熟，市场对于个性化产品的需求也在不断增长，柔性制造需要的各种条件已经具备。

所以说，柔性制造并不是要脱离原先的自动化，而是要在原先机电一体化的基础上更多地强调软件的作用，在制造和运营中引入智能的算法、逻辑和判断，形成以"机-电-软一体化"为基础的高度自动化批量生产。

今天，个性化定制的强大需求使柔性制造比以往任何时候都迫切和重要。以贝加莱为代表的一些欧美高端自动化厂商纷纷推出了柔性电驱输送系统，使得"柔性"得以在执行层实现。

在 2016 年，贝加莱就推出了柔性电驱输送系统 SuperTrak，这一新型工业输送技术采用在同一直线导轨上，多个永磁体的动子根据生产组装工艺需求进行位置、速度、间距等的调整，使得传统机械工艺切换的人工调校由软件自动化配置实现，并且可以集成第三方机器人系统、CNC 系统、视觉系统等，让生产的组织方式发生巨大的变革，大大简化机械设计及加工流程，降低生产节拍。从而为 3C 制造、食品与药品包装、饮料灌装等行业的大规模定制提供了柔性化产线支持。据了解，某欧洲厂商高精度压力计装配，传统生产技术下产品型号切换时间为 8 个月，而采用基于 SuperTrak 技术的机械设备将产品型号切换时间缩短至 6 个星期。

2017 年，SuperTrak 的升级版——具有高速转向器的柔性输送系统 ACOSPOStrak 问世，其分流与汇流的能力令生产线组织更为灵活多变，将传统的大批量生产延伸至批次为 1 的生产，大大提高了生产的经济性。该如何理解"批次为 1"？比如 6 瓶颜色不同、口味不同的果汁从不同生产线灌装出来，进入 ACOSPOStrak 进行次序汇流，可以包装为 6 个不同口味的一盒，也可以实现 3 瓶苹果汁 2 瓶雪梨汁 1 瓶西瓜汁的组合包装。当然，

这种组合都是可以根据消费者的需求任意设定的。从而实现了智能化、柔性化输送系统的代际飞跃。

2.4.4　天空飘来工业云

大数据带来巨大的想象空间，工业云被誉为智能制造的信息中枢。一时间，工业界与 IT 界蜂拥而至，各种工业云平台层出不穷。

被誉为全球第一款专属于工业领域的云服务平台——GE Predix 虽然难免被出售的命运，但是它也着实为 GE 带来过巨大的投资回报率。Predix 最大的亮点在于全面开放。可以称之为"工业的安卓系统"，各家企业都能通过 Predix 开发定制化行业的应用程序，通过集群的力量，扩大工业互联网生态系统。

西门子推出的基于云的开放式物联网操作系统 MindSphere 大有后来居上的态势，已成为西门子全业务数字化增长的推动力之一。MindSphere 拥有典型云平台的工作路径，即从工业现场的数据采集、安全的数据传输、云端的存储、数据的分析及模拟仿真，到数据最终分析结果可视化呈现与专家建议，为的就是让客户能够读懂并看透数据里蕴含的价值。

作为资源共享的云平台，为实现需求侧和供给侧的更好对接，MindSphere 遵循开放式标准并拥有开放式接口，通过 MindConnect 实现西门子和第三方产品的即插即用。一方面，西门子开发一系列类似于乐高基础积木的原生 App，让合作伙伴能够以搭积木的方式来分析和建模；另一方面，将主要精力放在数据库、各种消息组建、各种模块管理的分析工具、开发调试乃至运营的环境上。

然而，数据安全却是各外资厂商云平台的"不能承受之轻"。

要发挥大数据最大的价值，就需要把数据收集起来放在云端，进行分析，这是共识。但很多国家对大数据都有一些法规，比如中国就出于信息安全的考虑，要求数据在物理层面必须放在中国境内的服务器上，不能在境外。

工业云的数据安全问题给国产工业云很大的想象空间，处于领先水平的有阿里云，有一个直观的数据可以彰显阿里云的技术领先性。在 2018 年双 11 当天，阿里云支撑了 325000 笔/秒的交易峰值，创造了 IT 历史的新高峰。

2016 年，阿里云和徐工集团一起搭建了国内首个"工业云"平台，还帮助协鑫光伏、华中数控、比亚迪、吉利汽车等领先的制造型企业轻松上云。这下，"不缺数据"的阿里云也"不缺应用"了。

事实上，对工业云平台有所部署的企业远非上述几家。但就目前来看，工业云平台在数据采集及数据分析两个方面存在的很大问题，而这两项任务恰恰是工业云应用的基础。所以说，云是手段，而非目的。短期来看，制造业亟须获取更加实质性的信息，也就是设备现场层的数据，解决生产设备及业务需求之间的巨大差异，引导生产向高效高质转变。

2.5　安全需求

数据安全只是智能制造推进过程中安全问题的一个方面，随着智能制造相关技术的推进，制造业受益良多，生产效率和产品质量不断提升、制造成本不断下降、交货周期也缩短了。但如果智能化系统失效或失控呢？如果应用软件有缺陷或者漏洞呢？由此引发的安全问题尤其值得关注。

机械工业仪器仪表综合技术经济研究所副总工/功能安全中心主任史学玲曾经说过，"一项新技术给制造业带来好处的同时，最需要关注的是安全问题，如果安全问题没有解决，很难在应用领域内推广。"

当制造业进入拥抱互联网的时代，新的制造企业的信息化系统开始与工厂车间的设备层、控制层逐步打通，安全不再只是一项技术，更是一个思想，是一个系统，包括了安全意识、管理、平台、方法、工具和产品。唯此才是智能制造的安全保障。

2.5.1 功能安全：智能制造的重要课题

智能制造控制系统是智能制造最核心的部分，其功能类似人的大脑，指挥智能化系统工作。机器人、数字化等智能制造相关新技术的广泛使用使控制系统失控的概率增大，比如出现该紧急停车时不停，机器人异常动作导致意外伤害等情况。如何确保智能化系统正常、正确行使功能呢？

对于安全相关系统或安全关键系统，如关键生产过程控制系统、紧急停车系统、安全保护系统等，一旦发生功能失效，会导致严重后果。因此，功能安全研究的重点是复杂系统的失效控制。

一个系统会执行众多功能，当这些功能提出之后，集成系统需在全生命周期内确保硬件随机失效和系统性失效都控制在极低水平。换言之，必须在全生命周期中，制定切实有效的技术与管理措施，保证系统只执行要求的功能，而不会执行其他功能。

在制造业中，功能安全是制造系统实现本质安全的重点保证。功能安全要求系统识别制造过程中的所有危险，并设置安全功能把风险控制在允许的范围。因此，制造过程要实现本质安全，必须具备两个重要特性：一

是失误安全，即生产线上操作员失误也不会导致危险事故；二是故障安全，当设备出现故障时，系统仍然能保证不会导致危险事故。

为了实现这两个特性，需要大量自动化及信息化手段检测发现危险，并在关键时刻执行一些规定动作，把制造系统导入安全状态。比如，当操作员的手进入危险区域时，装置会自动停下来以避免危险；锅炉压力到 10MPa 时自动关火减压以避免爆炸。而这正是功能安全的研究内容，也是智能化可以为制造业带来的巨大福利。

然而，不可否认的是，智能化使制造系统面临"失控"的风险增大了。以前，功能安全面考虑的是一个系统问题，现在却面对多个系统互联问题。人机协作、互联互通、信息集成种种新的技术都将系统暴露在更加复杂的环境之中。系统受攻击可能性增大、信息集成错误的可能性增加，失效控制的难度正在加大。因此，就智能化系统的功能安全而言，要重点研究互联互通、信息集成条件下复杂系统的失效控制技术。

2015 年，国家启动《中国制造 2025》智能制造专项研究计划，"功能安全和工业信息安全标准研究和验证平台建设"应运而生，在安全标准化工作方面深有建树的机械工业仪器仪表综合技术经济研究所（以下简称仪综所）承担了这一项目。其关注点在于如何保障智能化系统的功能不会失效甚至失控。主要研究三个方向：可靠性、功能安全和工业信息安全，落脚点在数字化车间。并形成了三个标准的研究报告：数字化车间功能安全要求、数字化车间信息安全要求和数字化车间可靠性通用要求。配套的试验验证平台，在浙江中控的数字化生产线上进行了示范应用验证。

2016 年，仪综所提出"智能工厂/数字化车间的安全一体化设计及实

施"的新课题，对"功能安全和工业信息安全标准研究和验证平台建设"进行深化，拓宽了安全研究的深度和广度，以给出企业在智能制造实施中一体化的解决方案。此课题也是中德智能制造合作项目中讨论的重点议题之一，促进信息安全与功能安全一体化解决方案为智能制造提供安全保障。

2.5.2 信息安全：达摩克利斯之剑

2018 年，台积电全台湾北、中、南三地的晶圆厂同步遭到病毒攻击，导致生产线全数停摆，震惊业界。事实上，从数年前的伊朗"震网"事件，到乌克兰电网遭黑客攻击导致大规模停电事件，工业信息安全犹如一把高悬的达摩克利斯之剑，时时敲响警钟，而安全问题也成为目前工厂信息化的最关注的问题。

以前信息只和人有关，与设备无关，所以系统一旦被攻破，出现一些问题都是可以补救的，顶多就是系统瘫痪。但随着智能制造的推进，智慧工厂的构建，占据工业互联网"控制大脑"地位的工业控制系统也不可避免地朝着"互联网+"方向发展。工业控制系统原有相对封闭的使用环境逐渐被打破，开放性和互联性越来越强，使得工业控制系统与各种业务系统的协作成为可能，工业设备、人、信息系统和数据的联系越来越紧密，工业现场遭受攻击的途径更多了，如果没有安全的环境做保障，后果将不堪设想。

当然，工业云的安全挑战也逐渐为大家所重视。如今，工业互联网大多采用中心化的工业云平台，数据集中在云服务商处进行存储和管理，这对于用户企业来说具有巨大的安全隐患。工业企业普遍是风险厌恶型而非

创新导向型，任何一个单点的安全问题都可能会导致重大的安全事故，所以数据安全和可靠是工业企业不能妥协的指标。

我国的工控系统在建网过程中，安全保护意识的建立是从无知到认知的过程。相对于传统网站和信息系统，整个社会对工控系统的安全保护意识相对还比较薄弱。而且工业控制系统即使实施了物理隔离，也不是完全封闭的信息系统，仍然有可能遭受攻击。攻击途径多种多样，既可以通过互联网实施，也可以通过 U 盘实施，甚至有人为的误操作。

我国公安部网络安全保卫局专门负责计算机信息系统的安全保护工作，组织和处理计算机信息系统安全事件。根据他们侦破的现有案件来看，很多安全事件并不是高级别的类似"震网"病毒这样的蓄意攻击，而是由于管理不善造成的。

在我国，硬件也是工控安全事故频发的症结所在，虽然国家对工业控制方面重视程度逐渐提高，但在防护技术、防护能力乃至标准建设方面还有很大差距。

我国工控信息安全产品主要以中低端产品为主，虽然很多安全厂商提供工控安全产品，但多数产品都是防护产品，如工业防火墙、工业网闸等，无法对工业控制系统实施有效的信息安全防护。而如 CPU、芯片、嵌入式系统等核心产品技术，和西方发达国家比还存在很大差距。工业现场真正起到控制作用的产品仍然被西门子、ABB、霍尼韦尔、GE 等国外公司所垄断，尤其是在大量高端产品领域，国产设备的竞争力相对较弱。

此外，虽然目前很多用户都意识到了工控信息安全的重要性，但是究竟该如何保护却没有相关的标准、规范可依据。

可以看到，智能制造的推进基础必须依赖自动化底层数据。目前国家高度重视信息安全问题，工业领域也对此投入了更多关注的目光。作为工控安全的主管部门，工业和信息化（以下简称工信部）从顶层设计着手，陆续出台了《工业控制系统信息安全防护能力评估工作管理办法》以及《工业控制系统信息安全防护指南》，围绕着工控安全能力保障提升，在安全防护、应急管理、产业促进这三个方面逐步完善，初步形成了工控安全的政策体系架构。2018 年，工信部又公布《工业互联网发展行动计划（2018—2020 年）》和《工业互联网专项工作组 2018 年工作计划》。其行动目标是，到 2020 年年底初步建成工业互联网基础设施和产业体系。

与此同时，相关的产业联盟以及越来越多的信息安全解决方案厂家也加入到提升国家工业信息安全的队伍中，如工业控制系统信息安全产业联盟、中国信息协会信息安全专业委员会能源工作组等，此外，国家很多信息安全测评机构也正在成长，如最早针对工控产品进行信息安全测评的国内三大测评中心、国家能源局旗下的五大测评机构，以及中科院信息工程研究所等机构也在发展壮大。

2.6 向智能制造要效益

2.6.1 创造附加价值

根据 Gapgemini 数字化转型研究所 2017 年的研究，制造业在智能工厂的投资将在未来 5 年内实现 27% 的制造效率的提升，且为全球经济带来每年 5000 亿美元的附加价值。

首先是对企业自身附加价值的提升。由于产能、生产效率等方面的改善，智能工厂将大幅降低运营成本，包括物流和物料成本的改善，设备产线使用寿命的提升，以及产品质量的提高。因此随着制造业数字化能力的加强以及数字化脚步的加快，制造企业必然会最大化他们的收益。而这无疑也增加了制造业领域的投资回报率。

此外，智能制造也将间接为商业模式的改善以及社会的进步带来影响，智能技术的投入取代了一部分人工，同时也让员工更加关注数据分析和网络安全等业务领域。

或许通过微笑曲线，可以很容易印证这一论调。

"微笑曲线"是宏碁集团创办人施振荣于 1992 年提出的著名商业理论，因其较为贴切地诠释了工业化生产模式中的产业分工问题而备受业界认可。微笑曲线是一条把业务流程当作横轴而描绘出的利润率曲线；曲线左侧主要是研发、设计、材料采购；曲线右侧主要包括品牌、物流、渠道和金融。"微笑曲线"认为这两端附加价值高，利润空间大，而处在曲线中间弧底位置的加工、组装、制造等，技术含量不高，附加价值低，利润微薄。

想要摆脱传统制造业的低附加值困境，就必须向"微笑曲线"两端的研发和服务延伸，随着智能制造的推进，制造业传统意义上的价值创造和分配模式正在发生转变，借助互联网平台，企业、客户及利益相关方正纷纷参与到价值创造、价值传递及价值实现等生产制造的各个环节中来。从而实现产业附加值攀升，重塑"微笑曲线"。

下面将通过制造业转型的几个实际案例来分析智能制造是如何为企业乃至社会创造附加价值的。

2.6.2 案例

红领：信息化改造让定制与规模并举

红领集团有限公司（以下简称"红领"）被称作大数据时代最牛的"裁缝"。2003 年红领选择定制化转型方向，历经 10 多年时间完成了信息化改造，解决了个性化定制与大规模生产的矛盾，实现了传统服装企业生产制造方面的突破。红领的这一转型展示了服装制造企业融入互联网思维后的成果，并努力扭转着制造业的传统思维，积极推广以红领为样本的现代化工厂。

改造：10 年投入 3 亿多元

1995 年，红领在山东省即墨市成立，在当时占地 21000m² 的土地上，千余台生产设备同时启动，工人们开始了年产 3 万套的服装生产。同年 11 月 1 日，第一批红领西服上市，这一切预示着一家服装企业的初长成。2003 年，红领集团启动了个性化服装量身定制系统平台搭建的计划，红领人也由此开始了从规模化批量生产到规模化个性化定制生产的艰苦转型之路。

直至 2013 年，红领的转型宣告成功。红领集团董事长张代理曾感慨道："我们用了 10 年的时间，依靠 3000 人的庞大队伍建立了一个数据化、信息化的实验室，打造出一台'大数据驱动下的 3D 打印机'，为个性化定制设计了 C2M（Customer to Manufacture）在线平台。这种模式打破了工业化与定制化不可调和的桎梏，极有可能对服装制造行业产生重要影响，并为中国的制造业升级与转型带来重要的启示意义。"

的确如此，10年转型之路，红领经历了由内而外的破壳与新生，在大多数传统制造业还没有察觉的时候，红领的先知先觉逐渐显露成效。2012年，红领高级定制模式日渐成熟，订货量、产值、利润大增，个性化定制从订单、采购、技术、生产物流通关等各个业务环节被全面打通。

据了解，红领对企业的转型升级前前后后投入近3个亿，其中，绝大多数是对信息化改造的投入。

升级：新工厂实现低成本、高效率

走进红领工厂，你会感叹这里俨然是一个大数据工厂。实现服装定制的流程相当简单：量体采集数据下订单。量体过程只需要5分钟，采集19个部位的数据。顾客可以自主定义服装的面料、花型、刺绣等几十项设计细节，或者直接选择由系统根据大数据分析自动匹配；随后，订单传输到数据平台后，系统会自动完成版型匹配，并传输到生产部门。每一位工人都有一台电脑识别终端，所有的流程信息传递都在这上面进行。工人会核对所有细节，然后将其录入到一张电子标签上，工人只需要操作前扫描该款服装的"身份证"，就能够快速地进行生产加工。红领通过提高生产制造过程中间环节的效率，依托数据化、信息化的资源降低了制造成本。

可以看到，红领通过一个庞大的数据库，摆脱了对于人工的依赖。仅仅制版环节，企业就能节省出高昂的劳动薪酬和时间成本。通过建立好的数据库选择合适的人体版型，企业可以进行个性化的生产定制，效率提高了，成本降低了。

这种高效制造还体现在红领的量体方式上。红领将人体数据进行采集和整理，把量体标准化，创造了一种"三点一线"的量体方法，快速有效地解决量体问题。一个零基础的人经过5个工作日培训，即可熟练采集19

个部位的 24 个数据。

如今，各行各业加速内部改造，升级制造能力的号角也已吹响。红领在工厂信息化改造方面的成果得到不断认可。相信这套方法论可以推广到很多产业，从而满足消费者日益增长的个性化需求。

海尔：新智造生态

2018 年，海尔实现全球营业额 2661 亿元，同比增长 10%，生态收入达 151 亿元，同比增加 75%。海尔的工业互联网平台 COSMOPlat 功不可没。从 1984 年建厂到现在，海尔始终以用户为中心，在如今网络化战略的指导下，海尔创新出物联网时代的管理范式，通过 COSMOPlat 在全球积极进行三位一体的网络布局，实现了高速增长。

（1）颠覆传统工业体系

海尔 COSMOPlat 是全球首家引入用户全流程参与体验的工业互联网平台，通过用户与企业资源实现零距离、互联互通，共同创建工业新生态。以用户体验为中心的大规模定制正是 COSMOPlat 与其他工业互联网平台最大的区别所在。要实现大规模定制，说起来简单，比如用户参与设计生产物流等环节，但实际要做到这一点是要对整个工业体系进行颠覆的。

海尔首先实现的是对研发体系的颠覆性变革。在过去，海尔每一款新产品的研发要经历 1～2 年，投入市场时往往时机已过，而大规模定制模式的优势是让资源方和用户共同参与研发设计的过程，海尔因此实现了先有用户后有产品。其次是对制造体系的颠覆升级。大规模定制对工厂生产的柔性化要求非常高，需要传统工厂向互联工厂升级，生产线和生产工艺向柔性化流程升级，升级后的海尔制造体系实现了每一台产品都有用户信息，

用户可以直接下单到工厂，产品生产好之后直接由工厂交付给用户。第三是对营销体系的颠覆性创新，过去海尔关注产品，通过产品与用户连接，现在海尔将产品传感器变为用户传感器，从选择产品转变为即时满足用户价值。

海尔自清洁空调就是在这种大规模定制的模式下产生的典型产品。海尔在自己的触点网络和社群交互平台上，产生了15万个交互话题，包括用户关注什么样的功能（如舒适度、净化性、静音效果等），经过筛选，在产品设计阶段，有675位用户与6家模块资源方共同讨论话题的可行性，产品初步设计完成后，通过虚拟体验技术进行5次产品迭代，随后进入产品预售环节，通过线上线下共实现了1.1万台预售业绩，这些带着用户信息的产品，由工厂生产后直接送到用户手中，实现了产品的第一个循环。在用户使用过程中，智能家电每天上传用户使用数据，海尔开始对自清洁空调实施第二次迭代循环，结合用户的使用情况和社群交互情况，参与资源及用户更加深入，共产生了2万多个创意设计，迭代后的产品最终实现了18万台的预售。这就是用户需求驱动企业转型升级的典型案例。

（2）赋能中小企业

COSMOPlat作为一款开放的生态平台，致力于实现和所有资源生态共享，COSMOPlat目前聚集了三类人，一类是以海尔的创客、小微为主，另外就是社会资源和合作资源，包括物流资源服务供应商和模块供应商等。

海尔的实践目前在其内部已经得到了验证，客户定制的订单占51%，消费者直接定制的订单占18%，也就是说有69%的订单是用户直接下单到工厂，海尔的不入库率因此也达到了69%。这样的成果带来了海尔资金周转天数的下降和生产效率的提升。

与此同时，海尔也努力将这种大规模定制的能力产品化、微服务化，从而实现为中小企业赋能，为中小企业转型升级提供助力。在这里，我们举三个例子来说明 COSMOPlat 跨行业的实践成果。

在山东荣成某房车企业，海尔将其大规模定制模式转型植入其中，实现从定制、制造、模块化采购并联赋能。该房车企业制造环节的交付周期由原来的 40 多天降低到 20 天，原材料采购成本降低了 7%，打造了房车行业互联工厂样板。未来，海尔还将助力该房车企业实现基于场景定制的智慧出行解决方案。并将海尔智慧家电、智慧家庭的体验与智慧房车结合起来，实现效益最大化，打造从软硬件到服务的共享生态。

在和山东淄川政府建筑陶瓷产业示范基地的合作中，在 COSMOPlat 上，海尔采取的不是传统的工厂技改，而是通过产业资源配置、协同制造的模式输出，将 135 家建陶企业整合成 20 家的规模，使得企业在产能提高了 20%的同时，成本降低了 7%；对政府而言不仅实现了税收翻番，而且也提前两年达成了环保要求。

此外，海尔还将智能制造的订单管理模式输出到河南焦作某锂电池工厂，通过分析订单管理中的痛点改造订单模式，大大缩短交付周期，原材料库存也降低了 10%。

不难发现，COSMOPlat 实际上采用了端云结合的分布式技术架构，并将数据贯穿到全流程中，实现个性化小数据驱动全流程。目前 COSMOPlat 已成为全球最大的大规模定制解决方案平台。截至 2017 年，平台实现交易额 3133 亿元，定制订单量 4116 万台，连接 C 端服务用户 3.2 万亿个，服务企业 3.5 万家，智能终端 2121 万台。

第 3 章

区 块 链

前面说了很多关于工业和智能制造的内容，很多从业者都有一定的了解，本章会讲到区块链。区块链技术对于很多制造业的人是一个全新的知识领域，因其诞生时间短，还处于发展的早期，虽然各级政府和大型企业都已经开始重视并投入开发，但身处实体经济行业的人们还没有感受到区块链带给生活的便利和影响。

可以说区块链是一项还处于探索期和上升期的技术，它的发展方向和成熟度取决于我们如何将其与实体经济行业相结合，也只有这样才能把一项前沿技术变成实用性技术。

3.1 区块链的历史起源及发展历程

3.1.1 区块链的历史起源

区块链的起源来自于比特币，2008 年中本聪（Satoshi Nakamoto）发表了一篇名为"比特币：一种点对点的电子现金系统（Bitcoin：A Peer-to-Peer Electronic Cash System）"的论文，论文阐述了一种不经过中心化机构发行和认可的，可以自由进行点对点转账的电子货币系统，通过参与者进行一种 SHA256 散列运算，穷举出一个特定的随机数并将其带入区块头结构中，如果符合规则规定的范围要求，即可获得比特币奖励。通过计算机的运算能力进行电子货币发行，并通过统一的通信协议使交易双方可以自由地点对点转账，所有交易信息都经过全网广播使所有参与方进行存储和见证，通过公私钥非对称性加密保证隐私性，这些都是比特币融合了多种计算机学、密码学、数学等学科发明后，形成的独特机制。

这种建立在非安全性环境下的分布式数据存储方式，可以使交易参与方无须考虑信任问题就能够发起转账，并由所有参与者加以见证和认可，让人们认识到可以通过这种技术解决现实社会中的痛点问题。例如：在非安全的环境中快速建立信任、不经过第三方或中心化机构认可就能证明交易的完整性、公平条件下进行资产分配等。

在经过了几年时间验证比特币安全性的条件下，在 2015 年到 2016 年间开始出现区块链技术，先行者对比特币所采用的技术进行总结归纳，形成了今天我们熟知的区块链技术体系。其中包含了：散列函数、数字签名、时间戳、共识机制、TPS（Transaction Per Second，每秒传输的事物处理个数）、智能合约等诸多概念，在将区块链技术应用于实体经济产业的过程中，逐步完善这些概念的实用性是一个漫长的过程。

3.1.2　密码朋克与比特币

从比特币诞生的 10 年间已经有很多人自称是中本聪本人，但都真假难辨。从中本聪选择"密码朋克"作为 2008 年发布比特币论文的首发地，可以看出他所从事的研究方向。

"密码朋克"是一个经过加密的电子邮件列表组成的系统，参与者可以通过发送加密邮件展开讨论，参与用户大多喜欢对诸如：数学、密码学、计算机科学，以及对哲学等问题进行思考。"密码朋克"的创始人 Timothy C. May 是半导体方面的专家，曾就职于英特尔公司。在这个系统内的参与者旨在通过加密技术和计算机科学来解决公民隐私被侵害的问题，加密数字货币一直都是这些成员的努力目标。

除了中本聪以外还有非常多的精英人物都是密码朋克的成员，其中有：

维基解密的创始人朱利安·保罗·阿桑奇、万维网的发明人蒂姆·伯纳斯·李、BitTorrent（BT 下载）的开发者布拉姆·科恩、智能合约概念的提出者尼克·萨博、在中本聪之前就提出 B-money 的戴伟等，这一个个名字背后都是专注于某些领域的专家学者，共同点是他们都是理想主义者，希望用密码学和计算机代码实现他们的理想。

3.1.3　区块链 2.0：以太坊

以太坊（Ethereum）被称作区块链 2.0，创始人是 Vitalik Buterin，这位在俄罗斯出生的天才少年，在 5 岁时随父亲移民加拿大。在成长岁月中陪伴他的是父亲送给他的一台笔记本电脑，在同龄人沉迷于电脑游戏时他已经开始用 Excel 编写简单的计算程序，上小学时已经学会用 C++编写游戏程序。17 岁的 Vitalik 通过父亲听说了比特币的故事，随后的 2 年时间里他通过写稿赚取比特币，参与世界各地的比特币爱好者社区活动，并参与开发比特币在除数字货币以外领域的应用。他认为比特币的性能有限，不适合把各个行业的应用都拓展到上面。2013 年，年仅 19 岁的 Vitalik 发布了"以太坊白皮书"并进行募资，获得了世界瞩目。

在他的构想中，以太坊不仅可以发行数字货币，还可以通过计算机代码进行编程开发，部署智能合约，这样在这个网络上就可以运行应用。为什么比特币在网络上不能开发应用呢，因为比特币不是一个"图灵完备"的网络，所谓图灵完备就是指一个编程语言可以计算出所有能够被描述成计算机语言的函数，即具备理论上解决一切可计算问题的可能性。以太坊就是一个图灵完备的区块链系统，它的虚拟机可运行智能合约，理论上能够解决所有的可计算问题,从而最大限度地满足各种现实应用场景的开发。

以太坊上面可以运行很多应用程序，这些程序被叫作 DApp（Decentralized Application），比 App 程序多了一个 D，也就是去中心化的。在以太坊上面部署应用的话，所有的交易数据都被写入以太坊的区块链网络中，进行分布式的存储，可以随时查看和追溯。避免了中心化服务器存储的很多问题，比如攻击目标明确、易篡改、缺乏公平性等。目前为止以太坊是拥有 DApp 最多的区块链网络，已经有大约 1200 个应用，日活人数上万。这一方面说明以太坊的生态很繁荣，也说明了区块链的应用还没有得到大范围认可。目前在以太坊上面最活跃的应用还只局限在交易所、博彩和小游戏，并没有实质的实体经济商业应用运行在上面。

区块链技术自诞生至今，新的概念层出不穷，旧的概念不断地消亡，这是其他行业很少有的快速变化。如果把这项技术的成熟度比作人的生长过程，它现在还处在婴儿期，要想像移动支付和 4G 网络等 IT 技术那样对人类生活起到深远影响还尚需时日。这并不是说区块链技术是没有用的技术，互联网的前身阿帕网（ARPANET）自 1969 年诞生以后，直到几十年以后的 2000 年左右，才逐渐走进了普通老百姓的工作和生活，互联网真正影响到生活的方方面面则是又过了数年之后的事情了。

互联网的发展历程有基础设施建设和思维方式转变两方面因素，区块链技术的发展同样需要一个不短的时间历程，也同样需要基础设施和思维方式两方面的成熟才能完全匹配，并发挥巨大的作用。

3.2　区块链技术

区块链是指一种分布式的数据存储协议，区块是其中的最小数据打包

单元，通过时间戳、私钥签名以及每个区块都会存储上一个区块的散列值，从而形成一条完整的、有排列次序的、极难被篡改的分布式存储的链式数据库，方便每一位参与者查询和下载。

区块链技术是一个综合学科的集合，其中包含了很多概念，了解这些概念有助于理解区块链对于实体经济所起到的作用。

3.2.1 加密的分布式记账

什么是区块链？用一句话来概括就是：加密的分布式记账。这个可能不太好理解，我们可以把这句话拆分成三个部分：加密、分布式、记账。下面逐个剖析其中的含义。

（1）加密

更准确地说是非对称性加密。和非对称性加密对应的加密方式，就是对称性加密。举个例子来说明。谍战剧大家都看过，里面的潜伏人员和组织联系是靠发电报，双方传递情报会使用密码，比如说两边都有一本三国演义，这边发过去个 1234，那边就按照这个密码来找，类似于第一章第二篇第三行第四个字，通过几位数字定位到一个汉字，通过很多组数字可以得到一段话。两边都必须用同一本书，发送和接收用的是同样的密码，这就叫对称性加密，也就是加密和解密都是用同一套密钥。这种加密方式的问题是如果密码被截获，传递的信息就会完全暴露。

顾名思义，非对称性加密就是加密和解密用的不是同一个密码，有两个成对使用的密钥，分别叫公钥和私钥。通常区块链技术是用椭圆曲线加密算法来生成的，先随机生成私钥，再由私钥经过非对称性加密来生成公钥，这一套密码的公钥和私钥形成了唯一对应的关系。大

家所熟知的比特币、以太坊等数字货币的地址是由公钥经过特殊的规则生成的。

公私钥一般用在两种应用场景：加密和签名，使用方法也不同。先说加密，比如说，我要给同事发一个信息，告诉他今天给客户的报价。但是我正在客户那里开会，我既要当众来发这个消息，我又不想让其他人知道具体内容，怎么办呢？我同事先生成一对公钥和私钥，他把公钥发给我，然后我用这个公钥对报价单内容进行加密，并把密文发给我同事，然后他用这个公钥对应的私钥来进行解密，他就知道今天要给客户发的报价单了。这样做的好处是我发给同事的是一串密文，可以解密的私钥只有他知道，他给我的公钥即使被人截获了也无法进行解密，所以公钥和密文被人知道了都没有关系。公钥加密的只能用私钥解密，保证了私密性，这个用法被称作"加密"，通常用在非安全场景下的信息存储与传递。

非对称性加密还有另一种用法，就是"数字签名"。在现实世界中，我们通常要通过身份证或者一些证明文件才能证明自己是自己，那么在区块链网络中，或者说在数字化世界怎么证明我就是我呢？首先对我要说的话用"私钥"加密，请注意这里是用"私钥"加密，刚刚是用"公钥"加密，这里是不同的。然后把经过加密的内容和"公钥"对特定对象或是全部的人公开，对方用我的"公钥"能够解密到我的信息，就证明这个是我发出去的，这就保证了这个信息不会是其他人冒名发布的，这就相当于我用私钥对这份文件加了一个不可能被伪造的签名。

在这里特别提示一下，不管在哪种情况下用到密钥，对于私钥的保密保管都是非常重要的，最好是把它存放在一个永远都不联网的电脑、U盘、

手机里面。因为区块链网络的很多应用场景是匿名的，私钥丢失以后，资产、信息也都随之不受保护，是十分危险的。

（2）分布式

分布式也有个相对立的名词叫中心化，现在生活中的很多场景都是中心化的，比如在家有家长、在学校有老师、在公司有老板，这些都是每个场景中的中心。我们聊天要用微信，假如我给朋友发一条微信，他很快就收到了，但其实这条消息的传输方式是从我的手机通过网络传到腾讯的服务器，然后再从服务器传输到朋友的手机上，一切都要通过中心化服务器来中转。那么去中心化的通信方式是什么？大家可以想一想，"对讲机"就是一种去中心化的通信方式。只要调到同样的频段，就可以点对点地通信了。区块链就是让必须通过中心化服务器中转的数字化信息变成可以在同一通信协议下点对点传输和存储的信息。分布式就是通过对讲机一对一通话，同时两个人的通话内容通过非对称性加密又传给了在这个频段上的所有人，并且给对讲机加上存储功能，每一个在线的人就都收到了加密信息并进行存储，如果没有公钥就无法解密。这些信息通过加密方式存放在网络的所有节点，保证了不会因为中心服务器的故障和泄密导致数据丢失、被篡改，同时又保证了隐私性。

（3）记账

最后说说记账，这个很好理解，就是使用非对称性加密的分布式方式把信息存储起来，使加密后的信息能够被所有人见证到，保持唯一性和原始性。过去的记账我们都是自己记、自己看，其他人看了也未必信。现在用非对称加密的方式，分布式地邀请所有参与者一起来记账，这样就建立起了一个具有公信力的，无法被篡改的，安全又透明的账本，这就是区块链。

3.2.2 区块链的唯一性和不可篡改性

人们常说区块链具有唯一性、不可篡改等特点，这都建立在其特殊的数据结构之上。区块链的最小数据单元是区块，区块可以分为区块头和区块体。区块头用来记录该区块的表征信息；区块体用来记录所有的交易信息或数据信息。

在所有区块链系统中信息都是以"散列"（Hash）的形式进行记录的，散列是一种可以把任意长度的信息通过散列算法转换成固定值输出的映射，这种映射的方式有很多，常用的有 MD5、SHA1、SHA256、SHA512 等，比特币使用的是 SHA256。我们可以把这种方式叫作"散列函数"或是"散列加密"，简单理解就是给一个文件或是数据制作一个几乎唯一的数字化 DNA。一份原始数据经过任何修改后所得到的散列值都会发生无序改变，同时两个不同数据得到相同散列值的可能性非常低，通常被视为零。所以散列函数可以用来检验数据的完整性、原始性和唯一性。

区块头信息如图 3-1 所示。

区块头	
Version	版本号
PrevBlock	上一个区块的Hash值
MerkleRoot	交易信息Merkle树根
Time	时间戳
Bits	难度值
Nonce	随机数

图 3-1　区块头信息

版本号为当前所使用的区块链软件版本，只有相同版本的软件才能在同一条链上记录数据。

上一个区块的散列值也可以被称作散列指针，是指对前一个区块也就是父区块，进行散列值映射后得到的值，每一个区块都会记录上一个区块的散列值，这样保证了区块链数据库中数据的次序。同时如果有人想篡改某个数据块中的数据，下一个块的散列指针也会发生改变，这样篡改者就需要再篡改这个数据块，紧接着在下一个块的散列指针也发生了变化，这种连锁反应无疑大大提高了针对区块链系统中的数据篡改难度。

Merkleroot 是每一笔交易或数据传递的散列值的集合，用来验证所有信息的完整性和有效性。

时间戳是当前区块的打包时间，精确到秒，用来记录每一个区块的打包时间和顺序。

难度值和随机数是比特币所特有的区块信息，与比特币的挖矿规则有关。

比特币的区块体信息如图 3-2 所示。区块体中会记录每一笔交易或者是数据传递的信息，同时为了在后期验证每笔交易的正确性，还会记录每次交易的散列值。Merkle 树就是一个用来记录所有交易的散列值，每两个交易的散列值进行一次散列计算，层层计算后得到一个唯一值，填入到区块头中。如果有人想对交易记录中的某一笔进行篡改或者删除，都会导致一系列散列值的变动，其他节点都会发现这一点，并不会接受这样的信息改动。

如果有两个区块同时产生，都记录了同样的父区块散列值，那么这两个区块最终只有一个会被大多数节点接受，并在这个区块后面继续生成新

区块，这就是最长链选择，如图 3-3 所示。

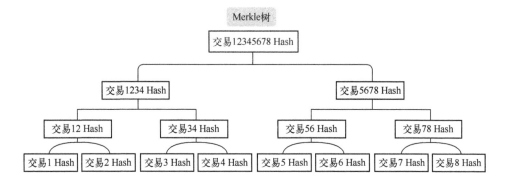

图 3-2　比特币的区块体信息

图 3-3　最长链选择

　　例如：第 11 个区块生成时同时有 11A 和 11B 两个区块都记录了前一个区块 10 的散列值，并正确打包了交易数据，那么也存在一种可能：会有另外两个节点在后面生成了 12A 和 12B 两个区块。这时候其他节点无法在短时间内识别出哪一个分支是主链，就产生了临时性数据分叉，直到其中一个分支后面的区块数量多，另一个分支后面产生区块的可能性变得越来越少，最长的分叉就被视作主链。

　　以上这些区块链数据结构都是构成了区块链不可篡改性特点的因素，如果某一个人想修改之前已生成的区块中的数据，只修改一个块是不够的，需要修改其之后的所有数据块。并且如果他的算力或者掌握的节点数量没有超过全网的 51%，他所做的修改也是没有意义的，最终只有最长链上的数据会被认可，这极大地增加了在区块链上篡改数据的难度。

我们可以认为区块链是一个只能增加、查看，不能删除、修改的分布式数据库。

3.2.3　Token（通证）

在区块链世界中，Token 是非常重要的概念，Token 的原意是令牌，现在被称作：通证。"通"可以理解为通用的，表示了 Token 可以在一定的范围或区域内使用和流通；"证"是证明，用来表示已经获得的资产。通证就是一种通用的证明，可以代表在链上存储的数字货币、权益、权限、身份证明等。通证是在区块链这个建立在密码学基础之上的信任网络设施的价值载体。

其实腾讯的 Q 币某种意义上也是一种通证，只不过是由中心化的腾讯发行，也没有用到密码学做基础；现在我们日常生活中会用到很多的积分：理发店积分、蛋糕房积分、航空公司积分等；我们也有很多权限：门禁卡权限、文件浏览权限等；还有很多权益：获得的红包、打折优惠的权利、某个品牌的 VIP 会员等。在区块链世界里我们也会有相应的积分、权限、权益，这些都在通证的范围之内，如果可以把现实世界中的这些东西都数字化，也就是实物通证化，就可以让这些积分、权益统统不可篡改，加速流通。

3.2.4　共识机制

区块链其实就是串起一个一个数据块的网络协议，只有使用同一个网络协议，才能在相同的链上记录数据信息。那么这一个一个数据块的产生，通常是由"矿工"，或者说是网络节点进行数据打包和数据广播的。

比特币或是以太坊这样的公共区块链项目，是一个自由的组织。这么多的矿工、这么多的网络节点，他们是怎样协同工作，有条不紊地进行数据打包再记录在链上的呢？在网络上时时刻刻有人提出交易请求，如何确认交易的有效性，有没有人在里面作恶呢？这些问题都要用到共识机制来解决。

什么是共识机制呢？新华字典里对共识的定义是：指一个社会不同阶层、不同利益的人所寻求的共同认知、价值、理想。那么共识机制呢，就是共同参与区块链账本记录的人，对于如何打包数据、如何确认交易、如何进行激励，所形成的共同遵守的规则。

以往的中心化运作是不需要考虑共识机制的，因为中心化的机构可以提供信用背书，拥有最终解释权。比如一部律法的法条虽然很多，但是法院对其拥有最终解释权，所以我们所有人都以法院的裁定为准即可，不必每个人之间达成共识。

在去中心化方式运作时，每个人都是自由加入和退出的，规则也必须得到所有参与者的认可，这是区块链被创造出来的原动力，也体现出了区块链的自由主义。

对于一个区块链项目，共识机制的设计是重中之重。设计不合理就无法抑制作恶节点，有可能会产生无效交易或恶意交易等问题。也有可能造成对记账节点激励不够，记账出块的积极性不高等问题。

另外共识机制还会影响到主链的运作效率，也就是 TPS（即服务器每秒处理的事务数）。TPS 包括一条消息入和一条消息出，加上一次用户数据库访问（业务 TPS=CAPS×每个呼叫平均 TPS）。达成共识越分散，也就是需要参与共识的节点数量越多，其效率就越低，但节点满意度越高，因此

也越稳定，网络越安全。相反，达成共识越集中，也就是需要参与共识的节点数量越少，效率越高，也越容易出现独裁和腐败现象，相对的网络也就越趋近于不安全。

这里面会涉及一个概念就是区块链技术的不可能三角，简单地说就是共识机制的不同会影响到效能比、安全、去中心化这三点，不管采用哪种共识机制，我们最多只能追求两方面的因素，而不得不放弃掉第三点。这道选择题的最终选择取决于这个区块链项目的应用落地方向更偏向于哪方面。就目前的共识机制，还没有哪个可以做到三者全部兼顾，其实即便出现这样的机制，那也只能沦为平庸，不可能拥有鲜明的特色。

除了在技术上的共识以外，区块链社区也需要共识机制，这里的共识就是指全体社区成员拥有趋近于一致的价值观，包括：对项目了解程度的认知，对项目方向的认可，对项目应用落地的认同。我们都知道区块链社区是一个自由结合而成的志愿者组织，没有公司、政体等约束力来要求每个人的行为，从传统意义上的视角来看，这些人群并不能做成什么事情。但在区块链领域，这种组织却做出了很多传统企业都做不出来的成就，这就是因为在社区内部达成了共识。可以说共识在这里就是信仰、就是共同的价值观和行动方针政策。

如果说世界上有什么组织形态，是每一个成员都是抱着参与就要得到回报的心态，成员可能分布在世界各地，和其他人都未必认识，以后也未必会见面，不需要任何人下命令，只要在法律许可的范围之内，自己想干什么就干什么，最后这个组织还能发展壮大，甚至市值超过很多大型上市公司，那也就要数几个著名的区块链项目了。

如果是在几年前，我们很难相信这样的事情会发生，传统视角下的"乌

合之众"竟然做出了比严格管理下的公司制还要伟大的事情，这种颠覆世俗认知的"壮举"正是区块链的神奇之处，也是共识机制所发挥出的神奇魔力。

常用的共识机制有：POW（Proof of Work，工作量证明）、POS（Proof of Stake，权益证明）、DPOS（Delegated Proof of Stak，委托权益证明）、DAG（Directed Acyclic Graph，有向无环图）。

（1）POW

工作量证明也就是通常所说的挖矿，参与节点用数学运算量来证明自己所做的工作，达到某个设定好的条件即可获得记账权，进行数据打包，获得相应通证激励的共识机制。

（2）POS

参与节点用持有通证的数量获取记账权，持有数量越多概率越大，鼓励参与节点长期持有通证，用高昂的经济代价促使他们不会轻易作恶。

（3）DPOS

由持有通证的节点通过投票选出一定数量的超级节点，再由超级节点轮流记账，如果某节点因离线无法记账，或恶意记账，下次会被踢出，由投票人监督超级节点的正常工作。

（4）DAG

准确地说 DAG 并不是传统意义上的区块链，这种形态的网络最小数据单元不是数据块，而是每一次交易或数据传递。由每一个交易验证前面两条旧的交易，这样就形成了层层确认的结构，使每一次交易形成了一个传递和构建信任的链条。DAG 可以同时存在数条不同的路径，同时还确保了所有路径都朝向同一方向。这样的结构使 DAG 可以同时并行处理很多交

易，而不必一直等待区块的打包生成，同时也永远都不会出现分叉的现象，保证了主链的完整性和稳定性。

3.2.5　智能合约

智能合约是区块链技术中一个很重要的组成部分，也是人们认为区块链可以用在复杂的商业场景中的标志。智能合约由密码朋克的早期参与者尼克·萨博在 1995 年提出，他的构想是：以数字形式来定义承诺，合约参与方在上面执行这些承诺的协议。他认为这种纯数字化的合约可以帮助人们自动履约，用计算机代码而不是法律、道德、信任来维持合约的公平公正。

传统的纸质合约签订后，是否履约执行全凭人的因素来影响，这份合约并不能起到实质性的帮助，可能只有在发生纠纷需要走法律途径时才能发挥作用。即使打赢官司其实也并不能保证另一方一定会按照判决履行义务。而计算机代码一旦开始执行，只要没有事先留下后门和中止条件，一定会按照流程执行下去，其过程并不会受到人为因素影响。如果可以把纸质合约的内容计算机代码化，把履约条件全部数字化，代码就可以代替人来进行每一步动作，只要所有参与者全部按照约定完成任务，就一定可以得到理想的结果。

其实大家平时使用的信用卡自动账单生成、自动扣款也可以理解为中心化运作的智能合约。我们和银行之间签订开卡协议，约定好账单生成日和账单扣款日以后就会照此执行，如果没有还款就会被加收利息并造成不良信用记录。

1995 年尼克·萨博提出这个构想以后，受当时的基础设施限制并没有

马上得以全面实施，很大一个原因就是现实世界中的商业环境没有办法全部数字化，也就没有办法转化为计算机代码。随着 IT 技术的发展，人们的生活越来越接近数字化世界，也就为智能合约提供了一个良好的发展环境。

随着区块链技术的诞生和发展，我们每个人都可以点对点地和任何人签订智能合约。用计算机代码来编写智能合约，用私钥签名以后可以证明其合法性，所有的商业条件都用代码执行，没办法赖账，也没有办法作恶，更加印证了"区块链是制造信任的机器"这句话的含义。

当然，智能合约也不是万能的。过去签订纸质合约以后如果真的遇到一些合约漏洞或者是需要修改的内容，我们还可以进行协商。如果用智能合约来执行，则有可能会因为代码漏洞或条件不完善，造成巨大的损失。2016 年以太坊的众筹项目"The Dao"因为智能合约代码漏洞，被黑客盗取了价值约 6000 万美元的数字资产，更是造成了以太坊的"硬分叉"。所以在一个全数字化世界里，"代码即法律（Code is law）"这句名言得到了充分的验证，对待每一行智能合约代码，要像对待法律条文一样严肃认真，充满尊重。

3.2.6　区块链的类型

如果以参与者的准入许可授权类型的不同来划分，区块链可以被分为三种：公链、联盟链、私有链。

（1）公链

公链，也可以叫作公有链。从字面意思上来看，就是公共的、全人类全社会公有的一条链，它不属于任何人、任何公司或者任何政体。公链从准入授权类型来看，是不需要授权的，任何人都可以接入，在链上进行读

取信息、记账、交易等行为。你作为一个网络节点，可以随风而来、随风而去，不必听从任何人的命令。当然根据这条链记账的共识机制不同，并不是所有接入的节点都可以随时获得记账权，但可以随便查看链上数据。

打个比方，公链就像是被初期建设者建设起来的一条免费高速公路，建设好以后任何人都有权利在这条高速公路上开一家商店、开一家旅馆、开一个加油站等，也都有权利来这条路上逛街、通行。没有人说你需要给我交多少钱买下这块地才可以开店，或者说需要按照交易额来交多少税，或者是给过路费才能上来开车，都不需要。当然了，我们作为在这条高速公路上经营和交易的人，每次签订交易协议，还是需要缴纳一些手续费，作为矿工费来请矿工节点来进行记账出块的。这个矿工费的设立，也是为了避免因为高速公路两边免费就可以随便使用，从而导致大量无意义的垃圾项目蜂拥而至，矿工们会在这些无意义的账目上耗费大量的资源，有了矿工费这个小门槛，就避免了这些无意义的信息，同时也使矿工们更有记账出块的积极性。

接着前面说这条免费高速公路，路建起来以后难免要修修补补，对于公链这样的公共项目来说，自然不可能一直由初期建设者来维护，只要有能力、有想法的人有了更好的想法和点子，都可以提交自己的修改意见，只要大多数节点同意并愿意升级，都可以进行真正的施工改建工作。这些施工动作包括：对路面进行扩建、翻修，例如公链的升级扩容、代码 Debug 等；也可以进行营业项目增加，例如 DApp 开发、智能合约编写等。以上这些动作都是无须任何人授权就可以做的，只要做得合理，大多数节点认可，就可以真正实施起来。

公链有它好的一面，也有不好的一面，比如说必须要设计好激励机制，否则参与者没有足够动力去参与记账和维护；现有的公链普遍效率偏低，大

量交易会造成记账堵车，交易速率变慢；一旦达成交易就无法撤销和更改，对于某些复杂商业交易来说显得不具有可操作性等。但瑕不掩瑜，对于存在众多痛点需要进行改变的应用场景，公链确实是具有其不可替代的作用。

目前区块链行业最成功或者说最有名的公链项目有：比特币、以太坊，它们都是由一位天才型的人提出并构建起来的，后来逐渐有越来越多的人加入到完善主链的行列中来，并不需要创始人的许可，这种完全民主化的区块链运行方式，就是公链。

（2）联盟链

联盟链顾名思义就是一个联盟内部使用的区块链系统，需要这个联盟定下来规矩决定是否接受新的节点加入，或者有节点退出。记账和对链上数据的读取也都只有联盟内部成员才能进行，并且还可以对每个节点的权限做出单独设置。以上可以看出，联盟链是服务于某些行业或者产业链上下游内部的，在一个或大或小的经济利益团体内所使用的区块链系统。

那么为什么在这些场景下要使用联盟链而不是公链呢？这当然是有其原因的，让我们先来看看最早使用联盟链的行业是什么，就是金融业。区块链从一诞生就被称为是天然具有金融属性的，这一方面原因是区块链的起源即第一个应用，就是比特币（数字货币）。另一方面，区块链被称为是分布式记账，记账也同样是金融业、会计行业所使用的名词。

那金融业有哪些特点使得账本必须部署在联盟链上呢？大家知道，公有链一旦记账出块，就几乎不可能被修改，这在一些公共的应用中是一个天然的优势，但在某些复杂的金融、商业场景中则无法被接受。在有些特定的场景下，数据达成共识后需要被修改、删减或增加。还有就是公有链的主网一旦上线，原始开发团队就失去了控制权，只能按照设定的共识机

制运营，要想进行规则改动都需要耗时耗力，风险性极高。在金融、保险等行业应用中，商业联盟的巨头需要对主网，或者说游戏规则具有一定的掌控力，这也是公有链无法满足的。

联盟链的特点正好符合了这些特定行业对于区块链的要求，比如：可对节点的权限进行设定，规则的修改更容易，这样可控性大大增加。这个世界上为数不多的巨头还是希望记账和制定规则的主动权掌握在自己手中。只不过如今在不能一家独大的情况下，用区块链来组建一个数家寡头共同维护的账本，已经满足了他们的要求。

另外记账出块不需要经过所有节点确认，共识机制不需要完全去中心化，这些特点带来的变化就是 TPS（每秒钟执行的交易数量），大大提高。之前比特币和以太坊每秒钟几笔的交易量被很多不看好区块链落地的人诟病不已，联盟链则可以轻易达到几千甚至几万笔，而我们常用的信用卡支付系统 Master 和 Visa 在非消费高峰时段也不过是每秒钟处理几千笔就可以支撑交易系统不崩溃。这样一来，区块链落地应用的障碍又被消除掉一个。

最后是这些联盟巨头们所关心的数据安全问题，因为联盟链的所有节点都是通过邀请许可进入的，所以不管加密方法是否可靠，数据都不会有泄露的风险，并且还可以对节点的权限进行设置。

目前来说联盟链主要可应用于：金融业，比如银行、证券、保险等；还有其他具有一定垄断型的行业，比如能源、房产、机动车、婚姻登记等。在这些行业中完全的去中心化公链反而会造成实际使用的不便，用联盟链来解决更加可行。

（3）私有链

既然联盟链是需要许可授权才能加入的区块链网络，那么私有链呢，

从名字上看就是属于私人的、不公开的，肯定也是需要许可授权才可以参与的区块链网络了。那么私有链和联盟链又有什么不同呢？

从许可授权角度看，私有链和联盟链一样是需要一定门槛的，这是与公链最大的区别。但是联盟链因为是在一个行业或商业范围内多家盟友共同维护的账本，所以还是需要一定的弱去中心化方式运作的，因为要照顾到每一家的利益，既要考虑公平性，又要考虑对节点的控制性。私有链则完全没有这方面问题，所有节点都是某个组织或商业机构内部的，每个节点的权限都被严格控制并可随时更改，运作方式更偏向于中心化，而不用去考虑完全的节点公平性。

这样带来的好处是交易速度非常之快，因为节点间没有信任问题，交易过程并不需要等所有节点确认，完全不需要等待很长时间来确认出块的时间，速率上和普通的分布式存储数据库基本一样。

因为所有节点都绝对可控，网络也不需要接入公开互联网，带来的隐私性保护会非常好，另一方面也免受黑客攻击的困扰。这方面非常受需要中心化运作的商界机构欢迎，比如银行、证券和保险业内部可以使用私有链进行账本记录。

还有一点就是公链基本上都需要设立激励机制，用通证来进行矿工以及社区建设志愿者的奖励，才能够激发更多人来维护这个公共账本。而联盟链因为也需要让加入的盟友有动力长期出块，并且为了奖赏做出贡献者或是防止有人频繁发起小额交易，要设定交易消耗的"燃料"（Gas）。私有链则完全没有这个问题，绝大部分的私有链都是企业内部使用，因为有了组织的常规激励，所以出块记账都是正常工作，签订交易合约也是内部进行，所以既不需要通证激励，也不需要消耗燃料，从而不必担心有垃圾

交易塞爆网络。

可能有的朋友很奇怪，这种中心化的运作方式和原来的分布式数据库有什么区别，用区块链来实现有什么意义吗？如果是过去的分布式数据库，某些节点被损坏、篡改后，并不能很快速地进行网络修复，还需要进行数据确认才能得知最终的正确信息。这些需要人为确认的过程就增加了错误出现的概率，并且掺杂进人为因素以后也可以认为数据的清洁度受到了污染。而区块链数据结构中具有明确的指向性和唯一性，可以避免这样的问题。另外，内部的数据或多或少还有可能会出现与外部交互的情况，即使是分布式数据库，本质上也是中心化存储，数据可信度对于外部合作者来说也是不高的。所以采取私有链的方式进行存储，虽然可信度不能和公有链相比，但起码还是比纯中心化存储要更具有可信度。

私有链是某组织、某企业内部使用的，来代替传统分布式数据库的区块链应用。所有节点严格受控，速度快、安全性高、交易成本几乎为零。

至此，三种区块链类型就都介绍完了，如果说公有链是很多理想主义者对旧势力、旧行业的颠覆性创造，那么联盟链就是在某些复杂商业场景下所做出的妥协，而私有链就是组织内部或企业内部对原有的数据存储、交易记录痛点打的一个补丁。

3.3 区块链的意义

3.3.1 去第三方信任机制

说了这么多，那么使用区块链进行分布式记账的意义究竟在哪里呢？

为什么一定要通过区块链技术来实现分布式记账呢，不管这个技术有多么先进，有多么复杂，只有能够实实在在改变我们的生活才是有意义的，否则就像很多被炒得很火热的技术，一旦放到现实生活中，就显得过于理想化、不切实际。就像移动支付改变了每一个中国人的现金使用习惯，O2O使我们生活越来越方便快捷，区块链能让我们的生活更美好吗？

支付宝很多人每天都在用，现在我们用它来付钱买东西、交电费水费、看病挂号，甚至申请护照签证都可以用支付宝来完成了。芝麻信用分更是每一个人都会倍加珍惜的个人信用证明，可以让生活非常便利，租房、租车都可以用它免押金。

不知道读者朋友们有没有在没有支付宝以前的淘宝网上买过东西，2003年淘宝网成立时并没有马上用支付宝来做交易担保，所以买家和卖家都很少，交易量也不多。在淘宝网上面进行交易的双方都有很多顾虑，一个怕给了钱不发货，或者发的东西质量很差，万一我买了个手机，你给我发过来一块砖头怎么办呢？另一个怕发了货收不到钱，或者恶意退货，拿了我的东西还不给我钱可怎么办呢？总之一句话：双方非常缺乏信任，在这种情况下是很难达到马云理想中的全民上淘宝的美好愿景的。

马云当时想找银行来做第三方担保但都被拒绝，无奈之下才产生了支付宝，正是支付宝的出现成就了淘宝的商业模式。那么支付宝解决了一个什么问题呢？就是买卖双方信任的问题。虽然买卖双方之间没有信任，但如果双方都承认支付宝是讲信用的，那么就由支付宝来做公正、客观的第三方监管。买家下单以后把钱先打到支付宝，支付宝告知卖家已经收到款可以发货，卖家发货以后等待收货，验货没有问题，支付宝会给卖家拨款。这中间如果出现纠纷，就由支付宝的店小二出面调解，如果有沟通不畅的

问题，支付宝会协调甚至是替卖家进行赔付。

可以说支付宝这个产品彻底激活了淘宝，深层次原因就是支付宝构建了一个信任桥梁、信任网络。这样运转了这么多年看起来是非常好的，但是大家想一想，这毕竟是一家商业机构，资本都是趋利的，资本也并不会永远把诚信放在第一位。并不是说支付宝从现在起就没有信任度了，而是要去思考能不能在不需要一个第三方的情况下，就买和卖两方，能否建立起一定的信任呢？

举个例子：我去楼下小卖部买一瓶可乐，我是否需要怀疑这瓶可乐的真伪，店老板是否需要担心我给的 10 块钱是假钞吗？显然都不会，因为在这样一笔小交易面前，我们双方都没必要作假。这个案例里面造假的收益远低于造假的成本，所以不需要去考虑建立信任的问题。

如果我和店老板要做一笔 1 亿元的可乐买卖交易呢？那我们就会花费大量时间进行对方的背景调查，雇佣律师草拟合同，找银行等第三方金融平台进行承兑汇票、履约保函等一系列的风险措施。这些所花费的时间和金钱，人力物力就是构建信任的成本了。即使我们最终完成交易没有出现问题，也并不是我和店老板就建立了个人信任，而是认为在这层层保险措施基础上，我们任何一方的作恶成本都远高于作恶收益。

在这里大家其实就可以明白一个道理，我们并不是要让全世界每一个人都能和另一个人建立起个人信任，而是让交易放在阳光下被见证，让作恶的代价被无限放大，让作恶的难度无限提高，这样我们就无须考虑信任问题，可以放心地进行交易。

这就是区块链技术中去中心化的分布式记账的意义所在：建立去第三方信任机制。通过点对点的方式，可以去中心化存储和传递信息；通过分

布式记账来广播给全网用户，使信息受到所有人监督，无法被篡改，包括信息的创造者本人；通过非对称性加密来保证隐私性。我们不需要支付宝这样的第三方平台，一样可以使网络上的任意节点可以和其他节点进行放心的交易，无须考虑信任问题。

3.3.2　传递价值的网络

区块链技术究竟还有哪些伟大之处呢？乃至于有人说它是互联网3.0，还有人说区块链是引导第四次工业革命的关键技术，区块链还被称作可以传递价值的网络。

在这里给大家举一个例子：

在现实中的物理世界里，如果我手里有一个苹果，我给了你，你得到了这个苹果，我就没有了。所以我们可以做实物资产的交换和买卖，不管是以物易物，还是用货币进行交易都可以。

在传统网络上，我手机里有一张苹果照片，就可以通过微信群发给所有朋友每人一张，我手机里还有一张。在网络上信息是可以被无限复制的，绝大多数情况下也不需要去考虑版权之类的问题，所以说在这个网络上只能传递信息而无法传递价值，否则价值就会被无限复制，也就不存在价值资产了。如果说我手机里有一张100块钱，我可以直接发给每人一张，我手机里还有一张，那这个世界就乱套了。有的人可能会说支付宝和微信里有钱的话发给我，你手机里的钱就少了呀，实际上这并不是网络，或者是微信支付宝传递了价值，而只是承载了协助银行记账这件事。

而在区块链网络当中，我手机里有一张苹果照片，我只能发给一位朋友，发了以后你手机里有这张苹果照片，我手机里就没有了，这个数据转

移的过程被记载在链上的话我不能反悔，也不能篡改，更不能自己另行复制一份。如果这张苹果照片对应的是物理世界中一个苹果的所有权，随着照片所有权的流转，你拥有这张苹果照片就拥有了物理世界中这个苹果的所有权，可以到某个地方去兑换这一份实物资产，那么这就是实物资产数字化以后的价值传递。如果传递的只是数字化的资产，那么这种线上数据的传递就等于是价值的传递，每一次数据的传递都完成了一次交易。实际上区块链技术可以帮助我们建立信任促成交易，也使交易轻量化，通过润滑剂和粘合剂的作用来刺激经济的繁荣。

不管是一张照片，还是一个数字化资产，或者是版权、专利，都可以在区块链网络中被传递和交易，并被永久记录下来。以前很难被交易的有价值的虚拟资产，不能被分割的实物资产，不容易被定量的、可视化的非资产价值，都有机会在网络上进行定价和交易，这无疑会增加社会经济总量，刺激经济发展。

通常大家都认为注意力和信任是不能被当作商品来交易的，这是因为这两种东西的特点就是很难定价、不能复制、无法量化。比如说我们过去要想建立信任，并通过信任达成一些交易或者合作，需要付出很多时间，这就是社会为了达成信任而付出的成本。现实世界里，每个人的时间都很有限，所以我们单位时间里只能和一个人达成信任，所以说信任是稀缺资源。但是如果我们能够在网络上通过技术来构建信任，那么这份信任就可以跟任何网络产品一样无限复制和快速交易，这将逐渐使信任的边际成本降低为零，大大提升现实社会的效率。

过去我们的注意力被广告商盯上创造了大量的财富，但这都与我们无关，并且打广告的人也不可能因为我和世界首富身价不同，给广告公司

不同的广告费，如果未来我们在看广告时进行消费，这部分价值直接在消费者和产品销售者之间传递，那么这部分注意力就可以被定义成最终销售额的一定比例，可以被当作通证返还给消费者，也可以使消费者享受到增值服务，那么我们就可以相对准确地定义这一次注意力的真实价值了。

其实类似的例子还有很多，想象空间越大，我们未来能做的事情就越多，所以有人说区块链是互联网 3.0，使互联网从信息传递时代走进价值传递时代，网络可以被赋予更多的使命。

3.4　区块链的现状及未来

区块链技术形成以来的几年时间里，很多先行者都进行了大量的尝试，在不同领域进行区块链的应用。除了比特币等电子货币以外，在金融领域的应用最多，同时也是最早出现的。如跨国境和跨银行间的快速清结算，银行票据数字化，合同存证等方面都已经有了成熟的案例。我国的央行在2017 年 1 月 29 日正式挂牌成立了数字货币研究所，分析和论证建立国家主权背书的数字货币系统。在国家知识产权局的专利检索及分析网站上以"中国人民银行数字货币研究所"为关键词，可以检索到 50 余条与数字货币相关的专利。

区块链的起源和第一个应用比特币就是一种数字货币，所以区块链技术诞生以来可以迅速应用于金融领域也是顺理成章的。但要想把这项技术应用于实体经济中的每一个行业，就需要经过相当长时间的论证与探索，在应用过程中还需要克服非常多的难题和障碍。

技术问题是首先要解决的，比特币由于区块容量限制，理论上每秒钟仅支持6～7笔交易，由于不具备图灵完备，无法运行复杂代码和智能合约。以太坊的性能较比特币略有提升，并能运行智能合约支持复杂代码，但也仅能支持每秒钟10余笔交易。据测算，2018年11月11日的"双十一"购物节，支付宝的性能可以支持每秒钟10万笔以上的支付交易，Visa和Master信用卡结算系统可以支持每秒钟3到4万笔支付交易，就性能来说区块链还不足以支持起真实场景中的大量交易。

智能合约可以解决复杂性商业交易，但在实际使用过程中还需要进行大量的探索和尝试，诸如安全性问题、代码缺陷、内容缺乏场景合理性等等，还需要一定的实践过程才能够在商业环境应用。

当前区块链技术在商用化方面，普遍存在的共性问题有如下几点。

1）智能合约的编写不规范，缺乏统一的管理。主要表现在智能合约的体量大小不一，智能合约的生命周期缺乏管理。没有建立公正可信的代码审查机制，需要由权威机构进行形式化审查，保证代码的可用性。

2）混合共识、分层共识更适应业务要求。目前的共识机制更多的是偏重于提升TPS，即每秒钟处理的交易笔数，以及安全性和去中心化，而是否符合商业化场景需求没有得到重视。

3）密码算法性能有待提升。目前的加密算法是否能够经受量子计算的考验？抗量子加密算法的成熟应用是下一个阶段区块链技术保证安全性的关键。

4）隐私保护和KYC之间的平衡方面有待加强。虽然区块链项目都在强调匿名性，但实际上如果是彻底匿名化，在很多商业场景中意味着不安全和无法监管，严格进行KYC（Know-Your-Customer）又会使参与者失去

隐私，如何在这两者之间找到平衡点，是需要进一步探索的。

就目前区块链应用现状来说，最成熟的公链无疑是比特币和以太坊，公链上面运行的 DApp（去中心化应用）数量最多的是以太坊，从 Dappradar 网站查询的数据看大概在 1200 个左右，用户数在 1 万人左右。

联盟链最成功的项目是由 Linux 基金会于 2015 年发起的 Hyperledger，中文名是：超级账本。这是一个跨行业的区块链解决方案，并且具有开源和可用性高等特点。主要应用于金融、银行、保险、供应链等行业。这个项目旨在推动区块链在行业内部的使用，帮助复杂的商业环境实现快速交易和建立信任，这一理念得到了非常多的大型公司认可。IBM、甲骨文、英特尔等国际巨头纷纷加入，中国的华为、万达等行业龙头也都早已加入，中钞区块链技术研究院这个具有央行背景的机构也加入了超级账本联盟，这无疑是政府层面对区块链技术认可的一个例证。

目前美国和中国是区块链技术发展最为突出的国家，美国更偏重于底层技术的前沿开发，中国更偏重于区块链技术应用落地。任何一个先进技术都需要经过与实际应用场景的结合，才能验证其是否具有可用性，而技术的不断探索和开发也是必不可少的。就目前的技术发展和应用现状看，未来 3～5 年内将会迎来区块链技术的普遍应用第一波成熟期。随着区块链从业者逐渐从技术极客、科学研究工作者，扩展到传统 IT 从业者、传统经济产业从业者，各行各业对于区块链的理解逐步加深，对于可用性的设计和扩展会越来越完善。当这项技术不再被大家当作是高深莫测、充满陌生感之时，才会是其完全走进普通人生活的时机。

第一波拥抱区块链技术的大多是 B 端用户，他们对于去中心化和隐私性的需求会更高于 C 端使用者，也更愿意为了获得交易的便利和降低信任

成本付出一定的时间和金钱进行应用尝试。联盟链可以在 B 端对 B 端的业务中发挥重要作用，所以现阶段联盟链的应用更能够直接见到效果。

就长远发展的眼光来看，公链对于商业模式、经济秩序的改变更加彻底。从这种角度来说，公链更多的是面向经济体量和活跃度更高的 C 端，或者是连接 B 端与 C 端的桥梁。通过去中心化、去中介化，让 C 端用户和 B 端离得更近，使 C 端获得更多的话语权和利益，这也符合制造业服务化的普遍共识。

第 4 章

工业区块链

4.1　铁甲大陆与数字脉络的碰撞

如果将经济社会比喻成一片土地的话，那么对人们来说，包括餐饮、文娱、金融在内的第三产业，很像是那些触手可及的事物，例如地上的花草树木等，而包括采掘、制造、水电气等在内的第二产业，则更像支撑起这些事物的地基。虽然人们不能够经常接触得到它，但它的运行情况，又确确实实地决定了人们在经济社会中工作生活的质量。

而这也是为什么最近几年，"中国制造 2025" "工业 4.0" 等看上去专业的工业话题成为社会热点的原因。很多朋友可能并没有感觉到，随着社会经济水平的提高，人们对生活质量已经有了更高的追求，比如说，开始寻求更智能化的生活用品、更清洁的水和空气、更顺畅的产品使用体验，但遗憾的是，这些需求，很多是原有的工业体系所难以满足的。

面对行业的瓶颈，生活在信息时代的人们尝试将第三产业过往的经验搬到第二产业，也就是用数字化技术去补强工业产品的质量，提升工业生产的效率。其中最热门的技术之一，就是当下大火的区块链。

那么，工业和区块链究竟要如何融合呢？

毫无疑问，这是一个非常庞大的话题。

首先，我们都知道，工业本身就是极其复杂的，这不仅体现在其垂直领域特别多这件事上，更是由于工业的产业链也相对复杂，仅以能源行业为例，就包括了采掘、冶炼、制造、建筑、运输等多个环节。哪些领域、哪些环节适合用区块链？又应该用什么形式的区块链？单单这个问题，就会使绝大多数的朋友感到困惑。

其次，实际上区块链的项目也是分很多种类的。根据笔者的从业经验，它们可以大致分为四类。

1）底层技术及基础设施，参照云服务的场景，笔者个人倾向于将其称为"BIaaS"（Blockchain Infrastructure as a Service）。

2）中间件和开发技术扩展，称为"BPaaS"（Blockchain Platform as a Service）。

3）行业应用，称为"BSaaS"（Blockchain Software as a Service）。

4）另外，考虑到区块链本身独特的流通属性，还可以延伸出一类"BTaaS"（Blockchain Token as a Service）的区块链应用。

而区块链的这几种分类，实际上就是寻找"区块链+工业"的关键所在。在笔者看来，可以让区块链兵分两路去与庞大而森严的工业领域结合。这两条路径分别如下。

间接结合：让区块链的"中间件和底层技术扩展"，与现有的数字化技术融合后，再应用到工业领域当中。

直接结合：让"区块链+智能合约"的组合，也就是区块链的行业应用，以一个巧妙的路径渗透进入壁垒森严的工业领域，经过时间的考验，最终实现两者的结合。

那么，这两条路径具体的结合方式是怎样的呢？

4.2　工业区块链的提出

4.2.1　隔山发力，区块链与工业的间接结合

在过去看一些科技媒体发文时，发现很多作者经常喜欢把物联网、大

数据、云计算，人工智能这几项技术与区块链并列。然而，一个尴尬的事情是：前面几项技术的存在，实际已经在理论上实现了工业设施"原子世界→数字世界→再到原子世界"这样一个闭环。因此，在这个闭环中，很多作者实际上找不到该把区块链塞到哪个位置。

为什么会出现这样的情况呢？一个重要的原因是：这些作者从根本上，就对区块链的理解有误。

我们要知道一件重要的事情，无论是物联网、大数据，还是云计算、人工智能，它们的本质都是技术上的创新或发明。而区块链呢？它虽然也属于一种计算机技术，但它的创新之处更多体现在商业模式上，因此，不客气地说：区块链与之前这几项数字化技术，实际上并非一个层面上的东西，它们之间，也根本就不是并列的关系。

那么，区块链和这些数字化技术之间到底是什么样的关系呢？

要回答这个问题，首先需要直面一件非常尴尬的事情。

请回顾一下上面提到的这些新型数字化技术，虽然在过去的几年被炒得火热，但请各位想一想，这些技术真的在工业领域被大规模商用了吗？

答案是没有的。

这是为什么？现在的计算机技术按理来说已经非常成熟了啊，是物联网的 TPS 不够高？数据的规模不够大？还是移动互联网的容量有限？

都不是，实际上从技术上来讲，目前的数字化技术已经能够满足很多要求了，然而，即便是最精尖的性能，恐怕也打通不了数字化技术应用的最后一公里——利益主体之争。因为这是一个彻头彻尾的商业问题。

举个最简单的例子。

现在很多工业企业正在斥资建设巨型的工业云或是能源云，然而有没

有人想过一个问题——我建的这个云平台，究竟谁会把数据存在上面？是你的同行吗？显然不可能，那如果不是同行呢？别人能知道你吗？

这是一个商业模式上的死结，无论你云存储的容量有多大，云计算速度有多快，都解决不了这个问题。因为别人无法确保一件事情：你的平台是否能够让别人的信息数据实现绝对安全，毕竟，没人知道工业云的业主会不会监守自盗呢？

而区块链，它实际上要解决的就是这个商业模式上的信任死结。

也就是说，对于上面提到的这些数字化技术而言，区块链技术和它们之间不是并列的横向关系，而是可以融合的纵向关系。

物联网+区块链：可以使得设备之间摆脱云平台这个中介，真正实现M2M。

区块链+大数据：可以通过去中心化交易等手段，实现数据之间的安全共享。

区块链+云平台：可以通过分布式计算和分布式存储，提升信息计算和存储的安全性与经济性。

区块链+人工智能：可以通过数据和算力的双重共享，大大提升算法训练的速度和可能性。

工业领域目前正需要上述这些数字化技术的加持，而区块链正是能让这些数字化技术成真的有效手段。

这就是区块链与工业领域结合的第一种方式：间接结合。

首先，让区块链解决物联网、大数据、云计算、人工智能这些数字化技术最后一公里的商业模式痛点，也就是所谓的"区块链+数字化技术"。

随后，利用上述数字化技术前几年在经济社会中舆论基础较好的优点，

让"区块链+数字化技术"与这些企业的业务结合，从而实现区块链与工业企业业务的间接结合。毕竟，相比之下，目前企业对上述传统数字化技术的接受度更高，举个例子：你想要让小孩吃药，不还是先把药混在糖里，才能让他们吃下去吗？

区块链与工业间接结合的原理，也是一样的。

4.2.2　先通后专，区块链与工业的直接结合

区块链与工业的直接结合，具体到区块链+工业领域，就是区块链的终端行业应用，直接登堂入室到了企业的经营与生产中。

然而，那个困扰已久的问题又出现了——我们要如何让工业企业来放心地使用区块链这项新技术？

一言以蔽之：循序渐进。

相信大家都知道一个生活常识：当你把一件大事传递给别人时，如果你直接告诉他全部情况，他往往会有一个拒绝相信和拒绝接受的时期。但是如果你一点点地逐渐告诉他，他的反弹就会比较小，最终完全接受。

而区块链与工业领域的结合，也是这样的。如果我们想要让"区块链+智能合约"与工业相融合，也要一点点地让它渗透进去。具体来说，就是要先从那些反弹比较小的领域入手，最后逐渐过渡到那些反弹比较大的领域。

从这点上来看，工业领域场景的庞杂，对我们来说还真不是坏事。至少它起到了一个以空间换时间的作用。给一些不太看好区块链的业内人士，留下了充足的消化时间。

那么，在工业这个庞大的铁甲帝国里，哪一块的防守最薄弱呢？

通过笔者以往的从业经验来看,根据行业来分类,并不是一个好方法。严格来讲,在工业领域,尽管各行业之间对于区块链的接受程度会有些许差别。但整体之间相差不大。比如说,笔者就没觉得新能源企业要比传统能源企业更能接受区块链技术,虽然这些企业的头上冠了一个"新"的头衔。

那么,如果从纵向的产业链入手呢?

结果似乎更让人凌乱了。要知道,工业产业的产业链错综复杂。覆盖了采掘、冶炼、制造、拼装等多个环节,除非专业人士,否则很少有人能够了解区块链到底能不能在这些环节里应用。

我们知道,不管什么样的产业,它的产业链一般可以大致分为两类:通用环节和专用环节。

所谓通用环节,就是指那种每个行业都会具备的岗位,比如说财务管理、招标投标等。而专用环节则指的是那些只有特定行业才会有的岗位,比如说能源行业中的电网调度、多能互补等。

而区块链如果想要渗透到工业领域,先从通用环节入手,最终在其中主攻专用环节,才是一个比较合适的结合路线。毕竟一般来讲,通用环节的区块链应用经验,是可以从其他领域直接照搬过来的,而工业领域的从业者对此的接受程度也更高。以能源行业为例:有一些为提供各类电力解决方案的技术公司,他们最早就是给电力企业做财务软件的。在这些传统能源企业对互联网和计算机的接受程度逐渐提高之后,他们才开始逐渐由财务这个通用领域转到更为专业的专用领域,比如市场预测、电力售卖等。

整个工业领域也是如此,事实上,在工业领域那些比较专业的环节,

如果想要设计出比较符合实际应用场景的区块链应用，必然要有工业专业人士的参与，而要让工业人士真正认可区块链，早期的磨合过程是不可避免的。毕竟工业是一个优先追求稳定，而不是优先追求创新的领域，毫秒级的延迟与差错，有时候都有可能造成巨大的损失。

这就是区块链与工业领域之间的直接结合方式：首先，将其他行业比较成熟的解决方案，搬到工业领域的一些通用环节上，让企业对区块链技术有一个消化的过程。然后，在逐渐接受了区块链技术之后，他们自己便可以投身到区块链领域当中，通过发挥自己在工业领域的经验优势，参与创造那些真正有应用场景、接地气的工业区块链应用。工业区块链若没有工业人士，单靠区块链行业本身，很难取得成效。

4.3　商业模式革新

相比于技术更新速度极快的互联网行业，传统的制造业更崇尚稳扎稳打、一步一个脚印。互联网行业可以一天诞生出一个概念、一个想法，用相对较轻的方式和很小的代价去验证、迭代，第一天立项，第二天开始运作，第三天就可以开始投放市场。在制造业，一个新的概念变成新的技术要经过长时间的论证，从一个新的技术到真正的研发、设计、论证、试验、试产、量产，要经过漫长的过程，中间环节有一点问题就面临推倒重来的可能，所以从业者也都有一种慢思维，看到了先想想、再看看，大企业有没有做，别人有没有做，没有的话先放放。某种程度上说这不是缺点和问题，而是在这个行业里的人都熟悉的最安全的做法，那些敢于搞"大跃进"的人绝大多数都倒在了半路上，重资产行业就要

用其最适应的方式去运作。

那么制造业最好的切入点在哪里？一定是每一个制造业老板最关心的问题，那是什么问题呢？其实就是"赚钱"，也就是订单，谁能给他带来订单，那谁就是衣食父母，技术可以解决订单问题，那就是好的技术。不管是工业 4.0 还是数字化车间，搞来搞去都只解决了工厂内部的效率和成本问题，"开源节流" 4 个字只做到了节流，再怎么省也都是在原来的年产值下面一点一点抠出来利润。如果工业区块链能做到开源，那就是给沉闷的制造业打入了一剂强心针，带来了新的订单，而且还能提高毛利率。

基于此，笔者提出了基于区块链技术所带来的价值传输生产方式构建的一个云链混合的分布式智能生产网络（Distributed Intelligent Production Network），按照国际工业区块链标准化组织 2018 年的定义，这个分布式智能生产网络一般简称为"DIPNET"，业界多直接翻译为"工业区块链"。终端用户与终端生产者均以平等节点的身份接入。数据可在任意节点间进行点对点传输，信息实时交互，实现研发、设计、生产、制造、销售等环节数据打通。订单信息、事务历史记录等记录在链上，分布式存储不可篡改，可实现去中心化协作，产品溯源安全便捷。交易流程由智能合约自动执行，提高效率。

4.3.1 价值主张

商业模式的第一个问题是价值主张。先说说什么叫价值？生活中一般不叫"价值"，而叫"好处"或者叫"用处"。因为一个东西有好处，才有利用的价值。

事物的价值分两个方面，一个是生活中的价值，一个是商业中的价值。生活中的价值，直白点说就是我有困难你帮不帮我，你有困难我帮不帮你。一个会做人的人，一般来说都懂得帮助别人，帮助别人的人都是有价值的人。帮助人的方式有两种，一种是在关键时候帮助别人，一种是在日常生活中帮助别人。中国人比较重视那种能在关键时候给我们带来帮助的人。在关键时候对我们有帮助的人，我们记得比较深刻。当然最好是平时经常乐于助人，关键时刻伸一把援手，但是我们没有那么多时间和精力，不能每时每刻都去做雷锋，所以就要懂得在关键时刻帮助别人，这个在管理学中叫核心竞争力。

互联网时代下制造业逐渐转向以满足消费者碎片化需求与大规模定制为核心的生产模式，生产性服务业发展日渐成为制造业转型发展新趋势。在这样的现实背景下，工业区块链（DIPNET）主张企业的生产都不是简单的复制，而是在满足消费者个性化需求上的价值创造，工业区块链（DIPNET）也将致力于为每一位接入企业提供便捷合约范式，使每一次重复都能产生独一无二的价值。

4.3.2 价值生产

未来的分布式智能生产网络中，大部分采用中心化的工业云技术，效率更高、响应更快、能耗更低。而生产中的跨组织数据互信全部通过区块链来完成，订单信息、操作信息和历史事务等全部记录在链上，分布式存储、不可篡改，所有产品的溯源和管理将更加安全便捷。分布式智能生产网络中整个供应链上的交易流程全部由智能合约自动执行，可以解决工业生产中的账期不可控等问题，大幅提高经济运行效率。同时，通过区块链

技术与数字化工厂技术的结合，可以为每一个物理世界的工业资产生成虚拟世界的"数字化双胞胎"，并进行确权和流转，完成工业资产的数字化，帮助重资产的制造企业实现轻资产扩张。

4.3.3　价值传递

分布式智能生产网络所形成的分布式制造模式，以用户创造内容为代表，使人人都有能力进行制造并参与到产品全生命周期当中，彻底颠覆传统制造业模式，生产企业也能因此而受益。在产品开发方面，新模式使产品设计、生产制造由原来的以生产商为主导逐渐转向以消费者为主导，消费者能够更早、更准确地参与到产品设计和制造过程中，并通过庞大的分布式网络对产品不断完善，使企业的产品更容易适应市场需求，并获得利润上的保证。在产品创新方面，新模式延伸了创新边界。通常，研发和创新因成本问题而无法紧密联系。如今新模式使用于产品初始阶段的成本大幅下降，新技术、新产品的产学研得以紧密结合。另外，借助庞大的分布式制造网络等社会资源，企业的创新能力与研发实力均能获得大幅度提升，创新边界得以延伸。

4.3.4　价值实现

数据可在任意节点间进行点对点传输，信息实时交互，实现研发、设计、生产、制造、销售等环节数据打通。订单信息、事务历史记录等记录在链上，分布式存储不可篡改，可实现去中心化协作，产品溯源安全便捷。交易流程由智能合约自动执行，提高效率，标准化的交易流程如图 4-1 所示。

图 4-1 标准化的交易流程

这将开创一个扁平式、合作性的全球新工业市场，而非传统意义上层级式、自上而下的产业结构。一个由成千上万节点组成的分布式制造网络代替了从设计到制造在内的所有环节，大幅降低了产品的生产成本。

4.4 工业区块链的应用场景

分布式智能生产网络提供三种既定的链上智能合约范式供生产网络用户自行调用，包括清单生产合约、询价生产合约和竞标合约。三种合约范式可满足绝大部分生产模式的经济流转需求。

当然，生产模式不胜枚举，更有更多的生产模式正被不断创造，覆盖这三种智能合约范式难以满足的应用领域。另外，更多的智能合约范式将根据新的需求被不断创造出来。同时在网络中，具有专业技术开发能力的人士也可自行设计新型智能合约范式，并上传到生产网络中供生产者自行选择调用。作为激励，开发者可收获该合约范式被调用所获得的手续费。

在分布式智能生产网络中将产生一种新型的生产模式：每一个生产单元都通过调用既有的智能合约范式，以极低的门槛将自己的产品连入不同的产业链当中。并通过各种智能合约范式与自己的产业链上下游相连，给自己的产品和整个产业链都在虚拟世界里构建出一个"数字化双胞胎"。

这些"数字化双胞胎"通过智能合约范式，接入影视、娱乐、电商等

流量端，这些流量端以特定的场景，创造出多品种小批量的碎片化需求，消费者根据自己的需求直接在流量端选择自己需要的商品。

消费者付费的一瞬间，该商品整个生产链条的智能合约被触发，商品所有部件的生产商根据智能合约范式被全部确定，相关的所有生产单元临时组成一个快速响应的生产系统，链上执行的智能合约连接到各生产单元自身内部的中心化数字生产系统里，快速执行生产指令，完成生产过程。

生产完成的商品，通过接入物流智能合约范式的物流企业，直接送到消费者手中，完成从生产到物流的全定制化。

各类生产服务机构，银行、担保机构、检测机构等，通过各自的智能合约范式与生产单元相连，为其提供相应的清算、担保、检测等服务。

每个智能合约范式的开发者，以及接入合约范式的生产单元和生产服务机构，都可以基于分布式智能生产网络的底层标准，以自己在主链上的节点为起始，分出子链，并发行自己的通证，为自己的资产增加流动性和融资管道，高效完成生产行为。

整个生产组织过程，不是通过中心化的"巨型工业云"，而是完全分布式、智能化、自组织地进行生产，快速响应多品种小批量的生产需求。

数以百万计的设计者、创新者、开发者都能够通过自己的智力劳动为智能合约范式做出贡献，并分享合约范式上流动的通证价值，每一个设计都不会被浪费，每一个开发者都能找到自己的用户，数百倍、数千倍的社会创造力将被启动。

4.4.1　数字化共享工厂

借助区块链技术带来的去中介化信任机制，发挥多方协同优势，工业

区块链（DIPNET）经济系统将首先应用于中国制造业的产能共享领域。

据国家信息中心分享经济研究中心在 2018 年 2 月发布的《中国制造业产能共享发展报告（2018）》显示，制造业产能共享主要是指以互联网平台为基础，以使用权共享为特征，围绕制造过程各个环节，整合和配置分散的制造资源和制造能力，最大化提升制造业生产效率的新型经济形态。2017年中国制造业产能共享市场规模约为 4120 亿元，比上年增长约 25%，通过产能共享平台提供服务的企业数量超过 20 万，市场规模逐渐扩大。

同时，全球多份政策文件里都提出鼓励发展面向制造业的共享经济，而协同共享平台，即工业区块链（DIPNET）所主张的数字化共享工厂将是其中的重要解决方案。如图 4-2 和图 4-3 是远嘉程服装的两种思路。

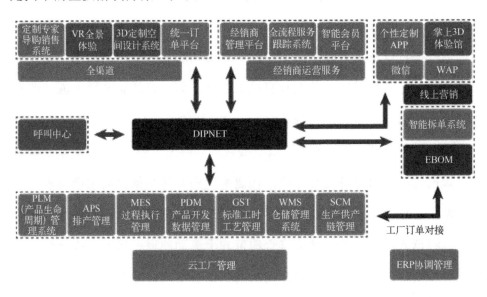

图 4-2　远嘉程服装制造系统结合工业区块链的数字化共享工厂思路 1

数字化共享工厂将依托云链混合的工业区块链（DIPNET）经济系统，充分考虑技术可行性、数据安全性及成本可控性，为企业提供不同的多方协同模式。

工厂间多方协同最大的难点在于信息的安全。基于此，工业区块链（DIPNET）经济系统为工厂提供了不同安全等级的区块链加密服务，对工厂间的重要数据进行无中介传递，保障各重要生产数据的加密安全。

而在工厂内部管理上，主要从可行性角度出发，工业区块链（DIPNET）经济系统提供成熟的工业云技术，对一般性生产信息进行云管理，既能保障生产效率最大化，又能降低生产成本。

4.4.2　去中心化电商平台

电商平台经过近 20 年的发展，目前形成了大致三种重要变化：电商 1.0 模式为"以货聚人"，主要特征为商品丰富、价格便宜和支付便捷，其模式核心为"流量"；电商 2.0 模式为"以质聚人"，主要特征为品质有保证、配送效率高和服务质量高，其模式核心为"品质"；电商 3.0 模式为"以人聚人"，主要特征为需求个性、价值配对和省时省心，其模式核心为"个性"。

从模式变化结果来看，消费者主导的市场需求成为电商平台转变的重要推动力。目前全球高端消费者转向大规模的个性化需求，而中心化的电商平台将很难满足繁复多样的定制要求，同时也难以通过中心化平台实现"按需设计+定量生产+零周转+零库存+零资金"的商业逻辑。

应用工业区块链（DIPNET）经济系统的去中心化电商平台将依托区块链技术、数字化共享工厂，为个性化用户提供可自由设计的消费平台，为数字化共享工厂提供真实有效的定制化订单，实现"按需设计+定量生产+零周转+零库存+零资金"的电商 3.0。

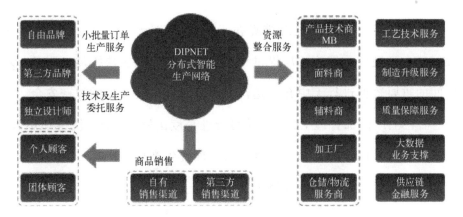

图 4-3　远嘉程服装制造系统结合工业区块链的数字化共享工厂思路 2

工业区块链（DIPNET）去中心化电商平台具有两个重要特点。

（1）用户个性化需求快速满足

工业时代我们始终在用大数据技术挖掘用户需求，工业区块链（DIPNET）电商平台将让用户来适应"产品"而非商家主动改变"产品"。通过接入多个设计方，产生依托设计的价值输出载体，用户可以自助选择设计样版，加以个人的设计，最后由 DIPNET 生产网络进行订单分配，后端的数字化共享工厂快速响应。

（2）行业运营效率大幅提升

由于按需生产的电商平台使用预售模式，不会占用资金成本，资金就可以流通在更有价值的地方，更高效地运转。消费者完成预售后直接通过 DIPNET 生产网络下单到数字化共享工厂，工厂根据订单直接生产发货给用户，没有中间环节，导致供应链效率的大幅度提升。

4.4.3　电影产业场景化定制

秉持"一键重复定制"的工业区块链（DIPNET）经济系统致力于帮助

数字化工厂满足个性化消费者的碎片化需求。文娱产业具有明显的消费者主导属性，但在中国存在较为显著的工业化需求，是工业区块链（DIPNET）经济系统适用的应用场景之一。

1．中国电影产业的困境

中国电影产业飞速发展，已然进入黄金时期，自 2012 年以来中国电影市场规模稳居世界第二，近年来中国电影市场票房情况如图 4-4 所示。据国家新闻出版广电总局发布的数据，2017 年中国电影总票房为 559.11 亿元，同比增长 13.45%，国产电影票房为 301.04 亿元，占票房总额的 53.84%。中国还为全球电影市场的稳定增长做出了重要贡献，2012 年中国电影市场总票房为北美市场的 25%，而 2017 年该数据已达到 77.63%。

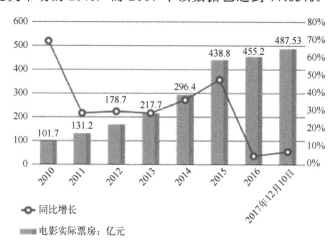

图 4-4　中国电影市场票房情况（数据来源：中国产业信息网）

中国国家发改委发布的《2017 年中国居民消费发展报告》称，中国电影消费市场的快速增长得益于影院建设的持续红火。2017 年中国 49 条院线共新增影院 1435 家，影院总量达 9446 家；新增银幕 9597 块，总银幕数达到 50776 块，是 2012 年的 3.87 倍，稳居全球首位。

但以《手机 2》事件为开端的一系列舆论风波，让国民对影视公司和资本产生一种抵制情绪；也触发了市场、资本对电影行业的集体"恐惧"。"明星纳税""股权质押"等关键词第一次触达大众舆论，伴随而来的是影视上市公司市值一夜蒸发数十亿、股价纷纷跌至谷底……连续多年的高增长，在实体经济并不景气的当时，吸引了大量资本进入，"热钱"一拥而上，行业总盘扩大的同时，也催生了大量泡沫。而本质上与票房增速并不相符的内容供给，很快在市场上得到反应。增速放缓后，"圈外"资本纷纷赔钱、大量退出，几乎在同一时间段"仓皇而逃"，"裸泳者"渐渐浮出。

2. 电影产业工业化

上述问题背后的深层原因，是国内电影产业还处在工业化初期，产业链各环节还远未达到工业化水准，与好莱坞成熟的工业体系相差甚远。不过，即使是好莱坞，工业化初期也曾面临诸多问题。相比之下，国内市场的增长速度和市场容量已超过好莱坞，毒瘤出现的同时，也孕育着大量机会。

电影工业化的标准是：规模化、标准化、规范化、协同化。工业化要解决不确定问题，如何更好地拥有预算管理、制片管理能力，解决从单纯依赖票房到广阔的非票房收入。

3. 工业区块链（DIPNET）电影生态模式

工业区块链（DIPNET）电影生态模式基于分布式生产网络技术，应用多种金融工具构建了全新的电影产业工业化模式。工业区块链电影场景化定制图如图 4-5 所示。

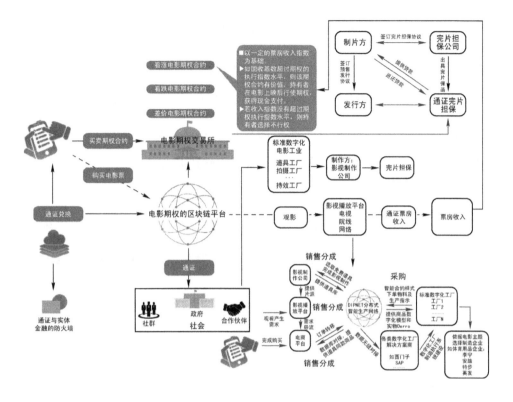

图 4-5　工业区块链电影场景化定制图

由于电影票房收入的不确定性风险较高，市场缺乏有效的金融工具对冲风险，导致投资者望而却步，影响电影产业的发展。结合中国的实际国情，工业区块链（DIPNET）设计出一种新的电影金融衍生品——基于电影票房收入的期权合约，整个流程形成完善闭环，可以达到对冲电影投资风险的效果。同时期权的设置能够为后端提供精准的消费者偏好，为碎片化需求进行后端引导。

我国制片管理主要为大导演主导的完片担保，而好莱坞则多以制片方进行担保管理。以美国电影金融公司为例，它主要为金融机构、影视公司提供相关保险服务，电影的投资方可以通过与其合作以保证电影的成本控

制、拍摄完成、按期发行。工业区块链（DIPNET）电影生态模式引入制片方主导的完片担保合同，是电影工业化的重要保障。

衍生品生产是对电影工业的后端转化，其包括影视道具及 IP 制品等碎片化需求。秉持"一键重复定制"的价值主张，工业区块链（DIPNET）电影生态模式使用分布式生产网络技术对前端碎片化需求进行快速响应、柔性制造。

为避免电影工业直接影响实体金融，工业区块链（DIPNET）电影生态模式特设置通证交易所，使整个工业化流程均建立在内部的通证系统上，形成一道风险防火墙。

4.4.4 价值生命周期管理

传统的工业 4.0 体系中，产品生命周期管理（PLM）是重要组成部分，也是西门子等国际化公司着力的重要方向。PLM 是以一个产品的生命周期为视角，将研发、设计、生产、销售等环节的数据进行闭环管理，实现"数据流动自动化"，这也就是工业 4.0 三大集成中"端到端的集成"。

而今天，工业 4.0 体系正在向更高级的阶段进化，这就是以工业区块链（DIPNET）技术为核心的价值生命周期管理（VLM）。VLM 是以一个产品或一条产业链价值的生命周期为视角，将产品价值的准备、生产、流转、增值、减值和消灭等环节的数据进行闭环管理，实现"价值流动自动化"，这同样属于工业 4.0 三大集成中端到端集成的范畴，只是基于不同的视角。

通过 VLM，企业能够更好地将物流、信息流和价值流统一进行管理，通证技术和数字化工厂技术能够更好地连接，金融科技与实体经济将深度

融合，这是工业的未来，也是金融的未来。

价值生命周期管理与产品生命周期管理包含的主要内容如图 4-6 所示。

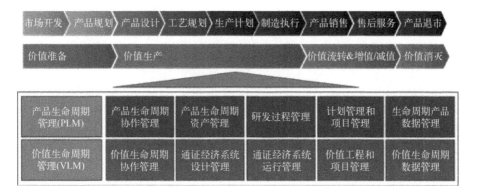

图 4-6　价值生命周期管理与产品生命周期管理

第 5 章

工业区块链经济系统

5.1　工业区块链的总体思路

人类社会存在的本质是协作，工业时代的生产管理模式，已经无法适应互联网时代的生产协作方式。区块链从技术层面，解决了协作的核心问题——信任。区块链的关键技术 P2P 网络和共识技术提供了去中心化的通信形式，而共识机制提供了民主平等的社区化管理模式。所有信息都保存在公共账簿中，公开、透明且不可任意伪造删除，鼓励人们诚实合作。

但现有区块链技术在智能制造应用上仍面临诸多问题。

1）区块链技术尚在发展初期，区块链知识尚未广泛扩散，对非专业人士，尤其是影视文创、工业生产等非 IT 行业人士而言，应用非常困难，且成本高昂。

2）智能合约质量参差不齐，其中可能蕴含着未知 bug，甚至恶意逻辑。而生产需要广泛合作，在缺乏统一标准的情况下，在每一次合作中，双方都需要耗费精力审查对方智能合约代码，如此带来巨大的工作量，使得基于区块链及智能合约的协作变得几乎不可能。

3）物理世界的生产关系非常复杂，不是简单的链条式关系，现有区块链技术暂无成套解决方案，解决生产关系向数字世界映射的问题。

4）物理世界的生产最终需要实现经济价值，如果无法解决经济价值变现问题，生产活动也将失去动力。

考虑到以上问题，笔者认为分布式智能生产网络应按以下条件构建。

1）它降低对使用者的技能要求，系统将隐藏大量的实现细节，使用分布式智能生产网络就像使用 SaaS 一样简单。

2）依然使用智能合约，但是智能合约将运行在高度约束的 VM 中。尤其是对合约间的通信，将约束在指定集合内。这样将使得合约之间的关系变得清晰、简单、可预测。

另外需对智能合约进行范式化处理，并由社区对新发布的智能合约范式进行审查，确保安全性。并通过对智能合约范式漏洞发现者及优秀范式贡献者进行经济激励，促进合约范式质量提升。

3）可以通过合约之间的索引联系，映像生产合作中订购（Order）和供应（Supply）关系。通过这样的关系将大量的生产合约整合在一起，构成新的产品或者服务。

5.2　基础架构

工业区块链（DIPNET）是一个面向工业制造领域的智能合约平台，提供底层协议的完整实现、配套工具、API 接口集等。区块链技术的去中心化、安全性、匿名性等优势，吸引着广大传统制造企业，试图基于区块链技术重构企业价值流转和信息流转方式。工业区块链通过将企业业务流抽象为智能合约范式，帮助制造商轻松地进入区块链网络，实现业务流的通证化，加速企业资源、信息流转。企业上链，以区块链技术重构供应链系统，并在此基础上，构建共享工厂、去中心化电商平台。

工业区块链使用母子双链模式，对工业制造领域的不同生产环节，使用不同的共识方案，兼顾可靠性和性能。

工业区块链项目是一个开源项目，遵循 MIT 协议，其分层结构如图 5-1 所示。

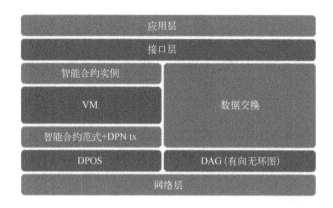

图 5-1　工业区块链（DIPNET）分层图

工业区块链主要分为：

● 网络层：实现基本节点发现、数据传输等功能。

● 基础服务层：实现交易数据、区块生成、维护共识等。

● 合约层：实现智能合约范式及智能合约实例。

● 接口层：对外提供区块数据访问、智能合约交互等接口。

（1）网络层

以太坊的 DevP2P 协议实现，已经经过以太坊网络多年运作实践，其隐私性、健壮性、性能等方面均已得到很好的验证，我们将基于以太坊 DevP2P 协议（DPT、IPFS 等），实现工业区块链底层网络。

（2）基础服务层

工业区块链采用 DPoS 共识的链式区块结构，后期随着交易数量增加，最终同时支持 DAG 实现，将与支付无关的数据交互转移至 DAG 子链，并对 IoT 大规模数据提供底层支持。

区块服务层为工业区块链提供：账户管理、组织交易、交易验证、区

块验证等服务。

工业区块链使用 ECDSA-secp256k1 数字签名方案。工业区块链中包含三种账户类型。

- 普通账户。

- 合约范式账户。

- 合约实例账户。

其中普通账户由用户私钥控制，合约范式账户和合约实例账户均由特定算法生成。区块服务层接受上层传入的参数，可构建特定类型的交易数据，经过交易发送者签名后，通过网络层实现交易广播。

对于 DPoS 主链和 DAG 子链的交易，工业区块链将使用不同的验证策略。特别地，对于 DAG 子链，不存在区块的概念。

（3）合约层

工业区块链通过虚拟机实现智能合约。所有合约范式及合约实例化交易，均仅允许在主链提交，以保障智能合约的时序及可靠性。其中合约范式由开发者提交，智能合约实例由用户通过合约范式初始化而来。智能合约可以直接访问 DAG 中的数据。合约层是实现工业区块链业务的核心环节，订单意向的达成、订单交割等均由智能合约自动执行。

（4）接口层

接口层对用户及 DAPP 提供对底层区块数据、工业区块链账户、智能合约、合约范式的访问，是与工业区块链服务交互的主要途径。

5.3 共识方案

5.3.1 几种共识方案比较

1. PoW（Proof of Work）

在比特币等货币型区块链中让各节点达成一致性的共识机制为工作量证明，也是我们说的挖矿。

中本聪设计这个共识机制的初衷是希望构建一个人人平等的方式来进行比特币的发行，所以用电脑来进行散列碰撞就相当于是用 CPU 来投票，按照他的构想是一 CPU 一票，在相对公平的方式下让每个人都有机会获取比特币。但是中本聪万万没想到的是随着比特币价格的走高，挖矿行为被有组织的、极其高效的商业组织盯上，比特币的获取越来越被少数人掌握。随着矿机和专用芯片的出现，挖矿的奖励已经被高度垄断，到这里其实比特币已经脱离了中本聪的构想，已经不可能作为真正的货币来使用，只可能变成高价收藏品。甚至还有通过黑客攻击和劫持，利用木马程序控制被攻击的电脑进行挖矿的行为。

目前采用 PoW 共识机制的区块链项目比较多，除了比特币以外，还有以太坊、莱特币、门罗币，以及比特币的众多分叉币等，在这里就不一一介绍了。

其实为了应对专业挖矿芯片的垄断，很多项目都通过代码升级来进行抵制，但硬件厂商也在进行追赶，关于矿机的问题在后续章节里面会详细讲解。

再从区块链技术不可能三角的角度来分析一下 PoW 这种共识机制。

从效率来说，这是 PoW 共识机制的最短板，也是最被批评者诟病的方面，那就是太费电、交易效率太低。批评者认为耗费了大量的电力来进行挖矿这么一个看起来并没有任何现实意义的事情，是对资源的极大浪费，也不利于环境保护。全世界进行比特币挖矿所消耗的电力，已经相当于一个小型国家的耗电量，无疑是非常惊人的。据相关调查数据显示，每天挖比特币消耗的电力差不多是 5000MW，相当于约 800 万人的电量消耗，这仅仅是一天的电量，还是非常惊人的。

同时要进行一次比特币交易也不是太容易，理论上全网络每秒钟只能进行 7 笔交易，实际上可能也就是 3 笔左右，同时转账费用也偏高，按照当前的价格算每次交易手续费大概是几十元人民币，在交易数量很多时矿工费还会急剧增加，如果设置的手续费过低，可能几天都没办法确认交易，也就到不了账。这种效率是比特币无法走进商业应用环境最重要的阻碍。

再来看看不可能三角的第二项——安全，还是拿比特币来举例，从 2009 年到 2018 年，已经 9 年的时间，之前人们担心的被黑客攻击、数据被篡改等问题都没有出现过，这说明了采用非对称性加密、多节点认可的方式进行分布式记账，即使在不安全的环境中，也不会被攻破防线。正是因为这一点，才使脱胎于比特币的区块链技术得到了全世界范围内的广泛认可。

第三项是去中心化，这一点是中本聪所追求的理念：不通过任何机构就可以发行货币，让每一个拥有电脑的人都有机会获取。每个节点都可以参与账本记录，没有中心化服务器。在去中心化这方面，比特币无疑是做得非常好的。

2．PoS 与 DPoS

（1）PoS（Proof of Stake）

PoS 共识机制，也叫股权证明，为什么会出现这种共识机制呢？比特币的获取是通过挖矿，记账是由矿工来完成的，那么持有比特币的人除了期待升值以外，没有任何的好处。所以比特币网络的话语权都被掌握在拥有挖矿算力的矿工手中，记账权和持有数是无关的，投资者认为自己的利益没有得到保障。并且拥有超过 51% 算力的人有能力展开 51% 的攻击，而投资者则完全无法保证自己财产的安全。

因此 PoS 机制被设计出来，PoS 中文叫股权证明，这里的股权并不是指拥有该项目的股票，而是指所拥有的 Token，拥有的越多，权益就越大。目前采用 PoS 的典型项目有国外的点点币、艾达、达世等，并且有越来越多的项目采用 PoS 共识机制。其实这里面就是一个用权利（也就是算力）说话，还是用钱（也就是 Token 数量）说话的差别，归根到底还是用资产来匹配权利。

那么 PoS 具体是怎么记账的呢，如果你拥有 100 个 Token，在一定时间内，比如 30 天，那你就获得了 3000 个股息，也可以被叫作币龄，这时候你的股息最多，你就获得了记账权，并且股息被清零，重新进行股息的累计。显然，在这种模式下，谁拥有的 Token 越多，谁就会越容易获得记账权，并且拿到记账 Token 的奖励。这种模式鼓励大家持有并锁定自己的仓位，而不是去市场上抛售，并且持有数量越多的人越会自觉地维护市场的稳定性，因为作恶的成本过高，直接影响到自己的资产安全。

从效率上来说，这种共识机制可以比挖矿更快地达成共识，记账出块，

所以效率显然是更高的，理论上可以从 PoW 的每秒几次，提高到每秒几十次，从比例上看是非常高的。并且由于 PoS 机制下不采用挖矿来产生 Token 发行，所以没有大量投入电力和硬件进行挖矿的问题，如果是通胀模式，也可以通过让持有 Token 的人获得新增的部分，有利于长期的价值投资，而不是短期投机行为。

从经济角度看，矿工挖矿只是为了赚钱，挖到了一定是尽快出手，不利于市场价格走高。而一部分投资者通常也会希望通过项目的运营、生态建设达到良性升值的目的，所以会长期持有，所以他们也更关心项目的发展，这对于区块链技术的发展也是有好处的，毕竟要想让区块链真正走进现实生活，能够帮助发展生态的投资人是比只知道挖矿赚钱的人更有价值。

安全性方面，通常规则上会限制只有持有 Token 达到几十天以后才能够获得记账权，并且还需要持有大量的 Token，这两方面设计都增加了作恶者的成本，并且要想发动 51% 攻击，所需要投入的资金也将远远高于作恶收益，保证了网络的安全。

去中心化方面，股息和币龄的机制，使网络话语权掌握在大资本手中，相对于 PoW 来说更容易形成贫富差距加大，在挖矿机制里即使我只有一台矿机，但如果加入矿池参与集体挖矿还是能够获得一点点收益的。但在 PoS 机制里我持有 1 个币，是永远都不可能获得记账权的。所以在去中心化方面 PoS 要弱于 PoW 机制，但具体到商业应用中，并不能说谁优谁劣。

（2）DPoS

DPoS 主要由五大部分组成：Token、区块链、社区、计算机和规则。

在一个区块链社区里，Token 的持有人以 Token 为选票，投票选出他

们认可的节点来运行区块链计算机网络。在 EoS 网络里，最终会选出 21
名主节点，他们被称为区块生产者，简称 BP（Block Producer）。EoS 由 21
名 BP 轮流产生新的区块，并获得 EoS 网络的奖励。

值得一提的是，人们的投票所占的比重取决于他们持有多少 Token。
这意味着拥有更多 Token 的人将比拥有极少 Token 的人更多地影响网络。
这其实很好理解，因为网络运行的好坏会对持有更多 Token 的人的利益产
生更大的影响，这使得他们的投票更谨慎。

随着社区发展，会有越来越多的人想要成为 BP，而 EoS 系统每 10 轮
区块生产就会进行新的投票，所以现任的 BP 需要很好地为社区服务才能
获得认可。这种机制是可行的，它能够清除不良生产者，并识别其他有价
值的成员。比如现行 DPoS 共识机制的 Steem 社区，BP 的位置就根据候选
人的信誉流动，兼顾了去中心化与高效。

（3）PoS VS DPoS

这两种机制差别在哪里呢？这里不再产生股息和币龄了，而是每一个
拥有 Token 的人都去进行投票，可能是一个 Token 10 票，可能是 20 票，
你投票给一些大的节点，然后所有人进行投票，投出来十几个或者几十个
大的节点，再由这些大的节点，进行轮流确认交易和记账出块。在这种共
识机制里，被票选出的节点进行确认交易和记账出块不再是权利，而变成
了义务，如果在轮到此节点工作时没有完成工作，出现了离线状态，这个
节点就会被跳过，下一轮投票时可能就不会当选。

大家看看这个方式有点像什么？是不是有点像投票选举？先进行广泛
投票，然后选出一定数量的代表，再由这些代表代为行使权力和进行议案
的审核。这样做就极大提高了效率，如果真的让全网络的每一个人都进行

投票来决定交易的确权以及记账出块，那效率一定是惨不忍睹的，并且也不是每个人都有能力部署服务器进行记账。而这些大的节点，或者叫作超级节点，他们为了做这个记账人，就需要去购买性能强大的服务器，还要参与规则和共识的迭代与维护，这都要耗费大量的金钱和精力，大部分人如果仅仅是作为一个参与者和使用者确实没有必要投入如此之多。相信当区块链技术支撑的实体经济应用成熟起来，一定不会像今天安装一个DApp一样很复杂，使用成本也不会这么高。

在规则上为了保证这些当选的超级节点忠实地履行记账出块的职责，并且不能作恶，去做出有损于本区块链网络利益的事情，每一轮投票后持续的时间是固定的。这就需要超级节点在做好自己的本职工作之余，还要去做更多力所能及的事情，比如说开发应用场景、对项目进行宣传、邀请更多的人来参与等，这样才能在下一轮投票时吸引持Token者继续给他投票。如果某个超级节点没有用心工作，到出块时没有出块，影响了记账效率，下一次就不会继续当选。

目前在世界范围内，采用DPoS机制的最著名的项目就是EoS，这个项目在后面会详细介绍。

在效率和控制能耗方面，DPoS机制做得非常好，首先可以使每秒钟处理的交易数量增加到几千笔，这种效率已经可以应付一般的商用环境了。而能耗方面只有几个超级节点需要一直运行服务器进行记账，所以也非常环保节能。

在安全性方面由于参与记账的只有少数人，并且是由全体社区成员投票选出，一旦表现得并不称职就会在下一轮投票时被放弃，这可以减少超级节点作恶的可能性。但有一个隐忧就是记账节点数量的减少，使

黑客攻击的目标也更加明确，安全性方面肯定是不如 PoW 和 PoS 两种共识机制。

在去中心化方面，有一些区块链信仰者认为这种由一小部分人来控制整个网络的做法是从去中心化变成多中心化，由自由民主变成寡头垄断，不再是区块链追求的去中心化，但从实用主义角度来说，这才是区块链能够应用落地所应该追求的方向，纯粹的去中心化太理想化，绝大多数使用者追求的是简单易用、公开透明，他们并不在乎真正的控制权。

3．DAG

DAG，叫作有向无环图，是一种计算机学上常用到的拓扑数据结构。它要求每一个交易都必须验证前面两条旧的交易，这样就形成了层层确认的结构，使每一次交易形成了一个链条。图 5-2 是区块链数据结构和 DAG 的对比。

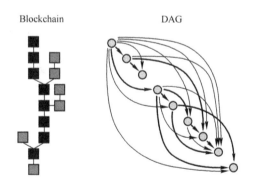

图 5-2　区块链结构和 DAG 的对比

这种结构和区块链最大的不同是，区块链只能沿着一条链的方向进行，不管中间是否存在分叉，都只能确认一条最长链的有效性，其他分支都是无效的，所以可能会出现软分叉和硬分叉，这部分后面会详细介绍。分叉

会导致区块链出现分裂，影响到主链生态的发展，比特币和以太坊都发生过硬分叉，后面的主链不再沿用 PoW 共识机制，避免出现分叉也是其中的一个原因。而 DAG 则可以同时存在数条不同的路径，同时还确保了所有路径都朝向同一方向。这样的机构使 DAG 可以同时并行处理很多交易，而不必一直等待区块的打包生成，同时也永远都不会出现分叉的现象，保证了主交易链条的完整性。

在采用 DAG 共识的网络中不需要矿工的角色，每一次交易都在帮过去的交易做确认，所以每次交易都是参与者和记账者，这样即使在没有矿工费的情况下也可以进行交易确认，降低了网络使用成本，这非常适合在企业和机构组织内部使用，一切都由组织买单，使用者只需考虑达成交易。

高效率是 DAG 的主要特点，并且 DAG 可以不生成区块就直接达成交易并进行确认。传统意义上的区块链数据结构是以块为最小数据打包单元，所以就会出现在众多交易中进行选择的问题，既影响效率也造成矿工费的上涨。而 DAG 的最小数据打包单元就是每一笔交易，既不付费，也不需要长时间等待，几秒钟就可以完成确认，使效率得到极大提高。著名项目 IOTA 就是采用 DAG 的共识机制，在物联网数据上链这种对交易处理速度极高的应用场景中，DAG 发挥了巨大作用。万物互联、数据可信是 IOTA 追求的目标。

安全性上由于没有矿工和矿工费的刺激，虽然使用成本很低，但很容易受到垃圾信息和 DDoS 也就是拒绝服务的攻击，并且参与者很难清理作恶节点。所以说 DAG 是不太适合直接使用在公链，甚至是联盟链上面。由于每一个交易都去验证前面两笔交易，也就是说三笔交易构成一个信任

链，所以理论上掌握34%的节点就可以实施攻击。当然，如果只使用在某一组织的内部则没有这方面的困扰，所以 DAG 最适合的应用场景是私有链，并且是连接内部设备间数据通信的使用环境。

去中心化方面，既然是私有链，DAG 就是完全中心化运行的，所以不会考虑去中心化问题。

可以说 DAG 是为了物联网、传感器等信息的可信性而生的，为了极高的效率和吞吐量，牺牲了去中心化，但在物理世界与数字化世界实现传递方面起到了至关重要的作用。在未来这个由物联网、传感器构建起的智慧家居、智慧城市、智慧生活环境中，这个共识机制会发挥出巨大的作用。

5.3.2 方案选择

选择共识方案，主要从安全性、去中心化、健壮性三个方面考虑。这三者构成一个不可能三角，如图 5-3 所示。

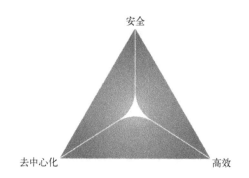

图 5-3 不可能三角

工业区块链（DIPNET）选择 DPoS 共识机制实现母链，DPoS 共识机制是效率、安全性、去中心化之间的一个平衡点。DPoS 共识下，通过社

区对超级节点的监督，确保大多数节点是诚实的，同时获得了更高的效率和更简单的网络结构。

工业区块链（DIPNET）为每一个订单确定供应链，并在供应链内预设了快速的结算系统，所有供应商都直接与最终消费者达成结算关系。对于特定的订单，订单中各个环节的受关注程度是不一样的，用户下单、签收环节希望保留可靠的记录。但对订单供应链各单元的流转过程，则只需要保留一般记录。因此考虑将供应链中的流转信息、物流信息及其他物联网相关信息记录在 DAG 子链上，只将最后的交易及清算结果记录在主链上。DAG 子链是完全异步的数据模型，并且理论上可以提供极大的数据带宽。DPoS 与 DAG 双链模式下，为不同特性的数据提供了额外的共识选择，尤其是当工业区块链（DIPNET）与物联网结合时，大量的生产、物流数据可以使用 DAG 子链。

5.4 实施方案

5.4.1 方案设计

合约范式是由开发者发布的智能合约模版，开发者将提供详细的应用指导说明，并由社区进行审核、提供信用背书。使用者无需任何开发经验，只需要从海量的合约范式中，选取适合自身业务的合约范式，根据指导说明，通过简单的配置即完成可靠的智能合约部署。合约范式是母链上的特殊交易事务（Transaction），是不完全的智能合约代码，仅提供一些通用的静态接口及实例化接口，不提供任何业务相关功能。合约范式内也指定了开发者账户（Developer Account），开发者可以从用户的交易中，获得少量

手续费作为报酬，实现"开发即挖矿"模式。

工业区块链（DIPNET）中流通的 Token 称之为工业区块链（DIPNET）Token，简称 DPN，它将用于用户支付 gas、各种手续费，是使用系统资源的凭证。

工业区块链（DIPNET）主要关联方有见证人（矿工）、普通用户、开发者、社区。

1．见证人

见证人由全部 DPN 持有者投票选出奇数个执行见证人及若干备选见证人。所有见证人都需要按照自己的轮序依次出块，如果有见证人拒绝出块，则由下一轮序见证人补出块。见证人连续多次拒绝出块或者错块，则随机从备选见证人中选取新的替代者。设定特定周期重新选取见证人。

工业区块链（DIPNET）见证人将控制全网的安全及公正，社区要求所有见证人锁定一定数量的 DPN，待届满后解锁。如果见证人在任期内作恶或拒绝出块，将收到惩罚性扣除 DPN，扣除的 DPN 将被分发至所有 DPN 持币者，以此鼓励社区加强对见证人的监督。

工业区块链（DIPNET）见证人正确履行见证人义务，则可以获得区块 gas 收益。

2．开发者

开发者负责开发合约范式，并将合约范式部署至母链，供使用者选用。当普通用户使用其开发的合约范式产生智能合约实例时，开发者将获得合约范式中声明的手续费。

3. 社区

社区将负责对开发者提交的智能合约范式进行审查，进行信用背书。社区向开发者收取合约范式审查手续费，并且在合约范式的手续费中分成。开发者需谨慎选择信用背书组织，简化用户对合约的辨识过程。

4. 普通用户

可能是消费者或者生产者，通过调用生产者的合约实例完成订购等逻辑。

5.4.2 生产实例

例如生产图 5-4 所示的小车。有人提供服务（服务也是一种产品），他选择了一个列表合约范式，填入自己的签名、产品说明、利润要求、当前环节的耗时计算公式即可，然后从链上选定一个车身合约、一个车轮合约，并在自己接到订单时，同时向这两个合约订购 1 个车身和 2 个车轮。车身及车轮更多的次级采购订单这里已经隐去。消费者向汽车合约发起询价（Enquiry），系统遍历各级合约所有节点，统计最终售价，通过下订单（Order）操作，使得所有合约以下订单为触发条件，同时开始生产。小车合约范式的运行过程如图 5-5 所示。

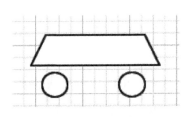

图 5-4　小车示例

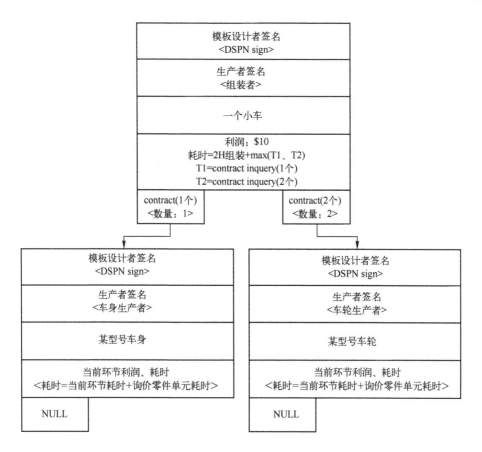

图 5-5　小车合约范式运行过程

小车合约提供了组装服务，对最终消费者而言它是生产者，同时，小车合约也是车身和车轮合约的消费者，这样的关系可以一直深入到最末端的原料阶段，这里隐去。

系统内涉及法币交易过程，独立机构可以创建金融托管服务的"合约范式"，提供金融托管服务供其他合约订购，这样各类第三方机构以支付网关的形式参与整个生产过程。例如第三方机构可能在收到托管资金后向消费者发行自己的通证，消费者订购合约后，这些通证在合约树中按照各环节的利润要求进行分配，当消费者签收产品后，各环节生产者凭消费者签

名的授权，在第三方机构将这些通证兑换为法币。

对于需要身份认证的环节，具备身份认证能力的机构，可以创建身份验证"生产合约范式"，提供身份证明服务，需要身份证明的账户可向该合约范式提交必要的数据，支付费用，购买该服务。

随着更多合约范式被开发出来，更多第三方机构、生产要素均可参与到工业 4.0 的生产当中。

5.5 分布式智能生产网络的应用扩展方向

5.5.1 大数据分析

链上生产是一种分布式、开放的生产模式，各环节的交易量、利润都是公开的，资本可以直接看到利润集中的产业位置，并向这些高利润环节聚集，这将极大提高社会生产效率，促进生产资源的合理配置。生产数据、销售数据本应为社会的公共资源，为任何人所用，整个社会第一次有了宏观量级和微观颗粒度兼备的，可直接分析生产的大数据集合，系统将提供丰富的数据接口，以供大数据技术使用。同时，由于链上交易依赖于 PKI 体系，具备良好的匿名性的同时，在必要时又可以通过出示签名证明数据的归属。一方面避免事务数据被审查的可能，另一方面可以提供数据证明，比如企业融资时，可以证明企业利润、交易量等数据的真实性。

5.5.2 物流签收终端

生产合约最终的支付条件是产品交付，在物流交付阶段，以用户的电子签名替代现有物流系统签字签收的方式，将进一步提升物流送达率。例如将生产合约相关信息以二维码形式附在交付货物上，物流签收时以 App 扫描，并以用户私钥签名后，App 以用户签名的消息通知生产合约，交易完成，完成资金划转，产品各环节按照合约树中各自声明的利润要求分润。由于物流也处于产品的合约树之中，其有动机保证用户电子签名的有效性，即交付的有效性。

5.5.3 IoT 向 BoT（Blockchains of Thins）发展

分布式智能生产网络中可组织几乎所有生产要素，使得全生产流程跟踪成为可能。以物流为线索，对各个生产环节的场景进行信息提取、处理、上链都将是非常有价值的创新方向。以分布式智能生产网络为基础，可以构建富有经济价值的 BoT。

分布式智能生产网络用工厂端"数字制造与设计"快速响应需求端创造的碎片化市场需求，以"市场 4.0"倒逼"工业 4.0"升级。在"品牌驱动的规模经济"向"IP 驱动的范围经济"迁移的社会生产大趋势下，分布式智能生产网络帮助消费互联网能够更好地对接产业互联网，以分布式智能生产方式让区块链技术真正融合于工业制造和社会生产，将会为实体经济的转型升级创造价值。

第 6 章

工业区块链+

本章通过对工业领域存在的诸多痛点，以及如何利用区块链技术来解决问题进行分析，抛砖引玉，为区块链在工业内部的各分支领域全面落地，起到引导和启发作用，这其中有些已经有相关企业进行示范性应用，有一些还是构想阶段。不管最后能否完美解决行业当中的问题，只有充满了畅想的空间，才有美好的未来。

6.1　工业区块链+：区块链+供应链清结算

所谓供应链，就是要形成链条才能转动起来。产业链条也好，自然生态也罢，都需要一个良好的环境，让其中的生态参与者能够生存下来。但当前制造业所面临的供应链却是步步惊心，遍布陷阱，一不留神就会深陷其中、无法自保。

要问工业企业最头疼的事是什么，那一定是怎么把生产出来的商品卖出去。如果说还有一件比怎么卖货还头疼的事，那一定是怎么把货款收回来了。好不容易拿到订单，等到去回收账款的时候却要低三下四。如果是收不回钱的生意，不做不赔，越做越赔。"收钱难"造成了有单不敢接，资金周转难，让企业陷入僵局，这种僵局深深困扰着制造业产业链条上的众多厂家。有人说你先收钱再交货不就完了嘛？的确有一些国外大型企业是这么做的，但在当前的国内商业环境下这么做是不现实的。

如果只是两家上下游企业点对点的交易还没这么复杂，但制造业的链条非常长，一眼望不到头。

举个例子，如图 6-1 所示，一个汽车主机厂有众多供应商，这些供应商也有他们的供应商，这个产业链可能有 5～10 个分层，组成了一个完整

的产业链。中间环节的资金链断裂会引起连锁反应，很容易形成市场的不稳定，资金风险是每一家企业都非常头疼的问题。这中间如果有一个环节出现问题，可能是经营不善、资金周转问题，也有可能是老板拿了上家给的钱，拿去投资其他生意、炒股等赔了钱，总之到中间环节没有给下家付款，这个链条就停止了流转，下游也跟着停止流转，整个产业都会受到不同程度的冲击。制造业这个业态也和大自然的生态链一样，没有哪个已存在环节是可以随意抹掉的，即使是一家生产螺丝钉、线缆接头的厂家突然因为收不到钱关门，也会影响到产业的稳定发展。

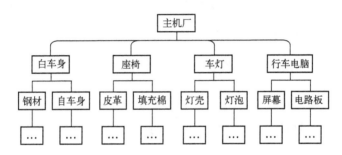

图 6-1　汽车供应链示例

每次日本遭受地震其他自然灾害，或者韩国某家半导体芯片厂发生意外起火以后，都会有大量的电子产品缺货、价格飞涨，最终影响到消费端的就是很多手机、笔记本电脑等都会受到影响。就像北京的四环路，北四环发生车祸，它的影响力甚至能延伸到南四环，只是程度没有东四环那么严重。所以说供应链资金的安全清结算是维持行业资金使用安全的重要手段，也是企业迫切需要的。

过去的供应链清结算需要依靠一个中间机构，银行或者其他第三方公司，他们可以行使资金借贷、担保等作用来确保产业链各方资金收付安全。

但这样的第三方公司自己的信用是否可靠，是否有足够多的资金可以保持产业链的稳定，需要打一个大大的问号。并且传统的供应链金融，只能最多击穿2～3层的供应链，要想覆盖整条产业链几乎是不可能的。

以太坊首创的EVM（以太坊虚拟机）赋予了区块链运行和处理程序，也就是智能合约的功能，用代码来实现合约签订后的自动执行功能，可以避免资金链的断档，使支付和资金使用都变得越来越安全，让过去只能依靠人与人之间信任的交易，可以用计算机程序来处理。过去的交易是防君子不防小人，如果有人存心恶意交易，只能去法院解决。现在的智能合约范式可以不区分君子和小人，统统一视同仁地自动执行。

还是用一辆汽车的订单来举例。用智能合约签订合同，自动把一个商品的订单拆分为子订单及孙订单，完成供货后可以自动进行清结算，无须第三方辅助。可以去掉第三方金融机构这些中介，进一步减少资金风险和资金使用成本。企业间靠计算机技术和密码学构建起来的区块链网络来缔结相互之间的信任。

在大多数使用场景中，如果是现金结账则没有使用区块链清结算改造的必要。如果是需要提供一定账期，或者有一定验收条件的场景，我们都会对对方能否付款持怀疑态度。而目前来看，建立去中介化的供应链清结算，如果没有智能合约支持，很难靠其他方法实现。

那么具体要怎么操作实施呢？

（1）需要建立一个公链或者在某一条公链上开发DApp。

（2）针对不同的商业场景开发相应的智能合约范式。因为每一次执行智能合约都涉及资金的使用，所以对智能合约代码的安全、无bug要求非常高。

（3）供应链体系内部无法使用法币流转，需要使用内部通证，结算完毕再用内部通证去兑换成法币。这一个操作过程还是需要银行的协助，按照现行监管情况，还无法做到全部区块链化。

（4）如果要击穿全部供应链结算体系，需要让所有的供应商全部接受用智能合约签署合同。

（5）线下的应用场景很复杂，并非是完成交货就算可以付款的条件，各种验收、质保等操作起来很复杂，短期内这种应用只适用于所得即所想的简单商品。

（6）对于众多的实体产业企业家，要想让他们相信区块链技术、放心地在上面用智能合约签约还需要一个教育过程。

"区块链+供应链清结算"的模式与原有的商业模式相比，充分保证了收款风险，还让财务数据透明化，可谓是一举两得。其实区块链最早在实体经济得到应用，就是在金融领域，所以在制造业中先应用将财务清结算在供应链是最容易实现的，也非常有必要性的。

6.2 工业区块链+：区块链+原材料数据上链

之前分析了供应链的清结算用区块链的智能合约来解决，除了收款问题以外，供应链的上下游原材料传递过程中的数据流转也存在很多痛点问题。

在工业企业内部都有一个质量部门，一般简称为 Q（Quality）部门，管理原材料进货的叫 IQA，管理产品出货的叫 OQA，中间的制造环节还有 PQA。为什么这么多的环节都要做质量管控呢？对于制造业来说，质量就

是产品的生命，也是企业的生命，没有产品质量的稳定性，企业是不可能生存的。有接触过制造业质量管理部门的人都听说过 6 sigma 这个词，这是一个现代制造业把大规模自动化生产发挥到极致以后产生出来的一个专门学科，6 sigma 是一种改善企业质量体系的技术，以追求"产品零缺陷"为目标，从而使生产成本大幅度降低，最终实现利润的提升和核心竞争力的突破。企业要想达到 6 sigma 标准，那么它的不良率要低于百万分之 3.4，这是一个非常非常严苛的数字，一般的企业能达到 3～4 sigma 已经在平均线之上了。6 sigma 成了制造型企业永恒的追求，近乎完美的零缺陷是每一个工业人应当放在最高位置的目标。

说了这么多质量的重要性，对于企业来说要控制好质量，除了对生产过程做好管控和优化以外，对原材料的管控也是至关重要的，俗话说"病从口入"，如果生产资料从进入生产源头的那一刻起就是带病状态，那再怎么加工处理，也做不出合格的产品来。过去需要审核供应商资质、送样测试、小批量测试、马拉松测试、试产、小批量产，经过层层筛选才能够放心地大批量使用。Q 部门的工程师也会定期或不定期地到供应商厂内进行检查，从产品质量到生产过程，从生产设备稳定性到 6S 是否合格，从头到脚层层审查。

纵然是这么严格而漫长的流程，也很难保证每一批次的原材料都是合格产品，不管是在供应商厂内的每一个生产流程，还是出厂后运到下游工厂过程中，每一个环节都会涉及人和其他第三方因素。大家知道只要有人的地方就会有出现错误的可能，不管是无意的，还是有意的人为因素干扰，都会影响到数据的准确性。

举个例子：一些需冷藏保温的材料在运输过程中，保温车是否会按照

规定打冷，放在车内的温度计是否会失效，是否会被人为动手脚，这都是这批材料出厂后到达下一站之前会失去控制的事情。如果这批材料出了问题是不容易被很快检测出来的，很可能会做出产品后才会被检查出来，无形中浪费了非常多的成本和时间。

去年日本神户制钢所篡改产品数据、以次充好的丑闻震惊了世界，之前人们认为最具工匠精神的日本制造业形象一夜崩塌。2018年2月28日，西日本铁路公司（JR西日本）在记者会上称，公司2007～2010年从川崎重工业公司购买的共303个"希望"号新干线列车底盘中，还另有100个的钢材厚度未达到设计时的标准。这些底盘发现了濒临断裂的龟裂问题。神户制钢是川崎重工的供应商，川崎重工是JR西日本的供应商，所以到了客户的客户那里才发现问题的严重性。既然检测数据可以随意更改，那么检测的意义又在哪里呢？

现实中不太可能要求每一个工厂都派专人去供应商厂内常驻，进行产品检测过程的全程监控，而进厂原材料的全检也是非常耗时耗力的，更何况有些特殊材料和中间品是必须要进行破坏性检测的，所以无法进行全检，这是一个两难境地。

通过前面的学习可知，区块链是一个无法被篡改的分布式信息存储数据库，并且经过非对称性加密以后数据可以既公开透明，又严格保密。那么可以通过检测数据上链来保证在记录以后的信息无法被任何人篡改，由下游客户用私钥进行信息解密查看。

有的人可能问，怎么保证这个检测数据在上链以前就是真实可信的呢？还是那句话，有人在的地方就会有漏洞，如果说信息传递的信任问题用区块链技术来解决，那么从检测到上链的这个过程就用设备来解决。首

先检测设备的选定需要经过客户的认可，保证检测数据的准确性不会受到干扰，然后检测数据生成以后通过数字化系统和物联网技术，直接上链。不经过任何人为因素干扰，也不经过其他中转，一切都交由设备、传感器、IoT、区块链来自动化处理。

我国著名通信设备厂家已经搭建了一条联盟链，请各家供应商将自己的产品检测信息上链，质量工程师可以坐在自家办公室进行数据监控。沃尔玛也联合 IBM 用超级账本 hyper ledger fabric 搭建了一条产品信息链，要求各家食品生产商将产品出厂日期、各种检测指标、生产批次等上链，进行数据监控，如果出现问题也能更快捷安全地进行产品召回。

技术是纯洁的，数据是不会说谎的，通过让数据可以自始至终地保持原始的样子，从源头保证原材料的健康性，这就是区块链技术带给制造业产品质量提升所能做出的贡献。

6.3 工业区块链+：区块链+环保

我们都知道人要想活着就需要呼吸，但最近几年似乎连呼吸一口新鲜空气都成了奢侈，雾霾统治下的天空笼罩在每个人的头顶。随着这几年政府下大力气地整治，北京的天又逐渐变蓝了，但环保的压力还是很大。

我们常常会看到新闻说，因为召开各种大会，所以环绕北京一圈的河北工厂全面停工，甚至远到内蒙古和山东都受到不同程度的影响，小汽车更是单双号行驶。这样做虽然经济受到一定的影响，但效果还是显著的。所以有了世博蓝、G20 蓝、××蓝，蓝天总是伴随着各种大会与我们相见。

工业的发展对空气质量的影响是巨大的，这不光是令中国的头疼问题。

英国是世界上最早实现工业化的国家，而伦敦是世界上最早出现雾霾问题的城市。20世纪50年代，震惊世界的"伦敦烟雾事件"让"雾都"之名举世皆知。1952年12月4日—12月9日，大范围高浓度的雾霾笼罩伦敦。据史料记载，从1952年12月5日—12月8日的4天里，伦敦市死亡人数达4000人，在接下来的两个月中，这起事件总共造成约12000人死亡。

多么触目惊心的数字，环保问题是工业化发展迈不过去的一道坎，英国政府也是下大力气治理雾霾。1956年，在著名的《比佛报告》的推动下，英国颁布了世界上首部空气污染防治法案——《清洁空气法》。后面又陆续出台了10多个相关法律条款来解决环保问题。现在的伦敦已经成为了世界金融城，也摆脱了"雾都"的帽子。

由于我国还处于发展阶段，是不可能抛弃工业转而去专门发展金融的，所以对于工业的环保要求也是越来越严格，近年环保稽查越来越频繁，没有正规环保处理设备的企业一律停工整改，不仅有大量人力检查，还配合无人机巡查。

前几年一些地方的环保部门推行了一个环保设备监察系统，废水、废气处理设备的信号接到监管部门的中控系统，如果设备停机就会报警，虽然有一点效果，但造假现象非常严重，人为因素干扰很大。

现在环保数据容易造假是因为除了数据提供方，只有管理者能够看到，阳光下看不到的地方就容易滋生问题。数据失真成了普遍现象，这里区块链防篡改的特性就可以发挥巨大的作用，一旦数据上链就不会受到人为因素的影响，让技术来保证数据的纯洁是最彻底的解决方案。

那么谁来保证数据从设备到链上这一段的真实性呢？这就要用到这几年崛起的传感器以及物联网技术了。技术不会说谎，一个24小时工作，随

时感应并上传数据的传感器，将源源不断地向链上传输采集到的数据。这样只输出数据，不参与评价和监察，统一技术标准，使弄虚作假成为历史。

由一个省市或行业内的企业、多个政府监管部门，组成一个多节点记账系统，各单位互相监督，把人为干扰因素降到最低。在不可能消除暗箱操作的情况下，尽量通过技术手段解决问题，不让人来参与收集、上传、记录、处理数据的过程。

考虑到只需要单纯地进行数据监控，不需要复杂的智能合约等复杂的场景，使用 DAG 技术来做共识层，建设一条高效率、快速确认的多节点网络，让接受监督的工厂、环保监管部门、第三方机构来共同见证数据的可靠性。

如果说严格执行环保处理会影响到企业的经营生产，会导致成本增加等问题，那么完全可以依靠公开透明的环保数据来建立一套行之有效的奖惩制度。对优秀的执行环保处理的企业进行奖励，甚至税收方面的优惠政策，这部分奖金从哪来呢，就从那些不环保的污染企业那里来。在链上建立一套规则，用积分系统来进行生态建设，逐渐会形成良币驱逐劣币的环境。让违法乱纪、破坏环境的作恶者承担巨大的后果，从而不敢作恶，让遵纪守法者得到适当的奖励，享受依法生产所带来的红利，违法必究、守法必奖。

不管是利用公链，还是联盟链来实现区块链+环保的问题，这都是区块链技术对环境保护所做的贡献，也可以让区块链落地落实到位，不再是空中楼阁。用区块链技术来确保我们的子孙后代都能呼吸到新鲜的空气，享受到美好的大自然，是我们在今天所应该做的。

6.4　工业区块链+：区块链+设备预防性维护

从事工业领域的设备工程师最怕的是什么？设备宕机。比设备宕机还可怕的是什么？短时间内修不好。

笔者以前在半导体芯片行业的时候，工厂会给每一个设备工程师配一个内线手机，工程师所负责的设备宕机以后就会收到一个自动发送的报警信息。不管是上班时间还是下班时间，哪怕是大年三十都会收到。

了解制造业的朋友都知道设备就是工厂的生产力，一个工厂生产线折旧期会长达数年，也就是说前几年所赚的钱，几乎都是在还本。这还是理想状况下的，再赶上成本上涨、业绩不佳、产品价格下降等不确定因素，折旧期就会持续拉长。有的高科技行业，设备宕机导致产线停工，每小时的损失都会高达几十万，也难怪生产部门会给设备部门巨大的压力。

说到这里有的朋友就会问，设备宕机是客观因素，也不是设备部门造成的呀。的确，设备故障通常是比较难预料到的，但还是有很多方法来预防和采取措施避免的，预防性维护（Preventive Maintenance，PM）就是其中的一种。

PM 是通过设备商提供的使用文档，或者是根据长时间使用的经验总结得出的规律性结论，对设备易损部件、易发生故障所做出的提前措施。例如：易损部件的定期更换、易阻塞管道的定期清理、定期更换润滑油、对震动和力反馈等指标进行定期检测等，这在工厂的设备部门是一个非常重要的日常工作。有日 PM、月 PM、季度 PM、年度 PM 等，根据设备的使用情况分门别类地进行，周期性检查和更换易损部件。

其实有了设备 PM 机制，可以很好地降低设备意外宕机概率的，但无

法执行到位是 PM 无法发挥最大作用的制约。纯粹靠人在工厂内部进行巡检和操作很难保证数据的真实性，操作的到位。传统采用的纸质单据很容易被随意填写和篡改，随意造数据是普遍现象。人工巡检效率低下，人与人的技术差距也使工作结果参差不齐。有的设备商在推行设备自动诊断，并且通过物联网等进行设备状态数据采集，加以分析以后制定更好的个性化 PM 方案，通过协助设备进行远程设备故障诊断和维护，可以大大提高工作效率，缩短设备恢复时间，但工厂会因为担心数据安全，生产信息外泄等问题不敢放心使用。

前面讲到可以用区块链技术的不可篡改性来解决原材料数据和环保数据的可信性问题，同样在这个场景中也可以尝试着分析能否改善这些痛点。既然人手工填表不可信，就可以让设备自动产生数据，这些检测数据可以通过内部的私有链进行收集、打包，现场操作者无法进行选择是否上传，也没有任何权限进行修改，只能查询。

当设备自主判断出运行状态有异常出现，一些零部件需要更换时，可以通过协作网络自动进行部件采买下单，用前面说过的区块链+供应链清结算的方式来完成交易，还可以一定程度上减少因中间环节过多导致的价格高、消耗时间长、产生灰色地带等情况。

工厂最担心的数据与外部进行对接协作时的安全问题，也可以通过搭建联盟链来改善，经过非对称性加密后的数据即使被拦截也不会轻易泄密，只有固定的协作者可以通过私钥来进行信息解密，并且还可以通过散列函数加密进行信息完整性比对，确保数据没有被恶意节点篡改。

如果生产设备可以自动进行运行状态检查，执行数据上传，出现小故障通过远程网络协作解决，可以大大提高工厂的运行效率、降低运行成本。

通过先进技术手段，让工程师的工作更轻松、更自动化，也能够让制造业的岗位能够吸引到更多的年轻人。

让工业更快、更轻、更酷，不只是一句口号，更是一种行动。

6.5 工业区块链+：区块链+DAO和通证激励在技术研发中的应用

对于一个有着长期发展规划的企业，投入经费进行技术研发是必不可少的，当前大部分制造业面临产能过剩、利润微薄的一部分原因就是研发投入不够，没有技术积累，产品的技术附加值偏低，缺乏占领市场的优势。

在2016年全球企业研发投入排行榜中，华为位居第八，苹果位居第十一。2017年全球企业研发投入排行榜中，华为再次以104亿欧元超过苹果（95亿欧元），排名全球第六、中国第一。而在2018年最新的全球企业排行榜中，华为以113亿欧元排名全球第五、中国第一。

华为在技术研发的资金投入方面一向是毫不吝啬的，据欧盟委员会2017年统计，华为在此前10年中研发投入总额达450亿美元，2016年全球研发投入达110亿美元，成功跻身前十；2017年，华为全球研发投入104亿欧元，占据营收的19.2%，位居全球第六名；苹果研发投入95亿欧元，占据营收的4.7%，位居全球第七名。在研发投入增长率方面，华为研发投入增速为29%，超越苹果25%的增速。（数据来源于网络）

华为2017年的全年销售额超过6000亿人民币（数据来自华为年报），同比增长15%，年销售收入达到了阿里的4倍，而值得关注的是华为员工的平均年薪达到68万元左右，说明重视技术研发，重视人才培养是华为成功的重要因素。

对于很多企业来说，技术研发的成果几乎为零。一方面是自身人才技术能力限制，如果没有高薪吸引招不到高端人才，与高校、科研院所进行联合开发也会因为难以达成统一共识，出现组织兼容性问题；另一方面也是对技术研发人员的激励不到位，外部技术引进也无从谈起。现代企业通常会引入 KPI、OKR 等绩效和任务目标考核制度，这些对于可量化的销售目标、运营目标更加适用，对于技术研发这种高失败率、难定量产出的岗位，很容易出现激励不到位的情况，使研发人员没有积极性，难以产出成果。

所以对于很多中小企业来说，组织结构和激励制度是制约技术研发的重要因素之一，如何利用一些新技术和管理手段进行改善是非常关键的。

DAO（Decentralized Autonomous Organization，去中心化分布式自组织）是由以太坊的智能合约应用所带来的新型组织结构，可以汇聚大量人才为了同一个目标，在没有传统公司、组织机构约束的情况下，完成一系列复杂的系统性工作。之前这种在传统眼光看来很松散，无约束的组织形态，已经在区块链技术衍生出的通证经济激励下，完成了非常多的复杂分工协作项目，像网络众筹、共同开发、协作写书、公共事务选举、赛事举办等。

像以太坊这样世界闻名的区块链项目，实际上也并不是成立一个公司，雇佣一批开发人员进行集中开发，像微软、谷歌一样把以太坊做成 Windows 或安卓供全世界使用。区块链爱好者都认为区块链是一个对社会资源、传统组织结构的改善，也是一种再分配制度，在这个系统内所做出的每一点贡献都被记录下来并实时地予以激励，激励规则也是在所有参与者见证下执行的。

　　研发部门的特点是失败概率较大，但又不得不做大量的试验，可以尝试把整体的激励分隔开，在研发任务失败的情况下也进行一定激励，以鼓励大家进行不断的尝试，在研发任务最终成功时，进行更大的激励。比如把 20%作为失败激励，80%作为成功激励，即可分为失败激励池和成功激励池。把大的研发目标分解成小目标，细化到小任务，根据任务对于目标的重要性来分配小激励，整个激励计划经过大多数人认可再实施。完成一点任务即进行实时激励，避免传统的事后激励往往落实不到位，导致参与者积极性下降，激励计划威信扫地。如果项目成功，在失败激励发放的基础上，从成功激励池里面进行等比例双重激励。这种激励可以不必直接进行人民币的发放，可以设定为企业发行的通证，也就是 Token。

　　Token 可以通过智能合约随时兑换为人民币，也可以是该产品未来销售收入的一定提成比例。如果可以开放给外部协作者，由于可以事先确定激励，并且发放过程可以用发布任务、领任务、提交成果、成果审查、自动发放激励的方式来进行多方协作，并且一些激励发放过程都透明化地通过区块链网络进行处理和存储。激励比例可以根据任务难度、任务贡献度大小进行调节，通过这种方式有机会把公司内部的研发、开发工作，采用更开放、更加公平的方式进行多方内外部协作，激活组织架构，如果是加大未来产品销售提成，还可以解决短时间内的开发资金短缺问题，不必通过指派方式成立项目组，通过"重赏之下必有勇夫"来增加自由度。

　　如果这种激励方式仅使用在企业内部，也可以把通证设定为可以兑换为某些其他奖励，比如 1 天休假、一份礼物、公司生产的某个产品、1 次迟到不被扣钱的机会，兑换比例可以事先固定，并且在一定范围内允许被激励者进行通证交易、交换，可以激活内部的经济系统。

其实不管把这种 DAO 组织或者是通证激励方式,用在内外部的研发项目中,都可以通过更加灵活、开放的方式加速工作流程。当然对于任务的保密性、知识产权的保护,还需要做更加细致的模式设计和论证。但既然这种模式已经在区块链业内很好地运行起来,也做出了规模很大的几个项目,也可以尝试将其引入到更多的传统经济体内,激活企业活力。

6.6 工业区块链+:区块链+产品防伪

"莆田"制造,这个词很多平时接触运动品牌比较多的朋友一定都有听过这个词,"莆田货"在电商平台上也是铺天盖地,一时间"莆田鞋"成了世界假冒运动鞋的源头,连远在大洋彼岸的美国网友都知道这里生产的运动鞋很便宜,穿起来和正版的差不多。

而更具有讽刺意味的是,在我国某著名篮球论坛的球鞋鉴定真伪板块里,有网友上传了一张限量款球鞋照片,经某高手鉴定后为"莆田货"。他的理由是鞋底与鞋面连接处没有溢胶、缝合做工质量太好,一看就是"莆田货",真货做工没有这么好…

看到这里我真的不知道该说什么好,是高兴呢?还是苦笑呢?其实说起"莆田货"大家都觉得是假冒伪劣,是盗版名牌,殊不知莆田除了造假鞋,连真鞋都是这里制造的。福建莆田作为服装鞋帽制造业发达地区,从 20 世纪 80 年代起,莆田作为福建的沿海开放地区,迎来了台商的投资,耐克、阿迪达斯、彪马等这些运动品牌就开始陆续落户莆田生产和加工。到 20 世纪 90 年代末,莆田和泉州成了远近闻名的"鞋都"。通过代工,莆田沉淀了大量世界顶级水平的造鞋工艺与经验,也创造了最早的辉煌。这

些也都侧面说明了莆田的造鞋工艺高超并不是纯粹的噱头，而是几十年的积累。

很早以前我们在网络上就听说过原厂材料拼装鞋这个词，就是指从大牌工厂或代工厂偷偷拿出来的原材料在外面进行组装，比如今天拿出来一个鞋底，第二天拿出来一个鞋面，第三天拿出来一个 Logo，第四天找个小作坊给拼装在一起就可以卖了，除了做工差了一点，其他材料都和正版的一样，价格可能只是 20%～30%。还有一种号称尾货鞋的，作为国际大牌的代工厂，所有球鞋按照协议都是严格禁止私下外流的，但总是会有一些超出订单数的鞋被留在工厂仓库，这些尾货鞋经内部人员人转手，卖往市场之上。在高额利润的驱使下，内部人传递尾货鞋，外部人转手卖到国内国外。莆田本地制鞋原料和人工成本低廉，尾货鞋、高仿鞋产业开始崭露头角。在做了几十年球鞋代工生意的莆田人眼里，从设计打样到流水线生产一切都不是问题，正版什么样盗版就什么样，甚至能做得质量更好，还能个性化定制，很快"莆田鞋"就充斥了全世界。甚至欧美等国的鞋贩子都开始在网络上联系到莆田鞋厂老板，进行大批量进货，据说全世界超过70%的大牌运动鞋都从这里发货，包括正品和仿品。

如果说盗版鞋就在网上当成盗版卖也就算了，现在猖獗到正式代理商、经销商都开始真货假货一起卖，反正消费者也根本分辨不出来，这就很可怕了，花了正版的钱，买了盗版的鞋。这种情况除了运动鞋，白酒、香烟、化妆品等个人消费品或是工业标准品都面临着同样的问题，很多年以前就出现了一种防伪码技术，通过一物一码电话或网络查询，可以显示商品信息以及查询次数的方法来杜绝这个问题，从最早的数字码、一维码、二维码不断地进化，现在还采用多个零部件对码的方法来使每一个重要部分都

进行防伪。但"道高一尺魔高一丈",这种码复制造假相对容易,而且如果盗版货首先进行了第一次查询,正版货反而变成了盗版货。这种方式没有办法承载更多信息,仅能让我们查询到很简单的历史查询次数和商品信息,正版商品的制造数量和单个物品的物权无法承载,运行绝对中心化的查询平台本身也容易受到攻击,失去公正和安全性。

在 2018 年 5 月 28 日的贵阳数博会上,腾讯 CEO 马化腾表示,在茅台酒防伪问题上,基于区块链技术+电子标签的防伪方法,要远比依靠防伪码的传统防伪方式更为有效。区块链技术是一个中性的存在。它像是一个账本,可以记录所有的商品制造信息、交易信息、物流信息,可以用于验证商品的真伪以及流通全过程。

比如茅台某个系列白酒本年度只生产 1000 万瓶,给每个茅台酒都植入电子标签,将唯一性 ID 进行写入,并将所有信息写入防伪区块链网络,本网络只能进行信息增加、查询,不能修改和删除。从生产-->仓储-->物流-->各级经销商流转,所有信息都通过区块链网络进行存储,实现了电子标签和网络上信息的一致性和全面性。同时因为信息的不可篡改和电子标签的物签对应,可以清楚地查询到该商品最后一次经手人以及现在处于哪个物理位置。

电子标签的造假难度要远高于普通的防伪码,而且即使有人能够复制一个一模一样的电子标签,进行销售时也可以查询到该商品最后处于哪个环节,经手人是谁,如果发生问题可以直接追查责任,不会造成无法倒查的问题。例如:A001 这瓶茅台酒在茅台区块链防伪系统上最后一次是流转到北京某商场,如果我们购买后发现是假酒,那么就直接对最后一次的经手人这个商场进行追查。虽然不能说用了防伪技术就不会有人造假,但也

有了快速定位到造假环节的方法。

咱们再回去说"莆田鞋"的事，如果耐克作为品牌方对每次订单的总数进行定量控制，给每一双鞋发放电子标签化的品牌授权，代工厂每一个加工流转环节都进行信息录入，可以保证所有球鞋的生产信息都被记录下来。出厂时进行物码合一，严格控制出厂总数，最后根据授权码核查以及回收，保证没有未授权球鞋流出工厂，消费者都可以购买到真正的正品球鞋。这种方法可能无法杜绝真正的盗版球鞋，起码先解决可以让我们不会花正品的钱，买到盗版的鞋。这种方式有点类似于苹果手机的激活系统，苹果通过激活这个动作可以严格控制市场上正版可授权手机，品牌方可以在完成订单量出货以后关闭电子标签授权通道，球鞋虽然不能联网激活，但没有授权码和流转信息的就一定是假货，让消费者更容易分辨真伪。

目前区块链应用除了在金融领域以外，在防伪方面的开发也已经具有一定的成熟度，相信一段时间之后消费者一定可以在一个更放心的环境下进行购物。通过市场的不断净化，消除掉盗版货、冒牌货，但这还需要一个长期的过程。通过市场环境改善，可以提高品牌方的价值，这种不断上升的良性循环使我们可以更快地走向消费升级通道，到达制造端和消费者共赢的未来。

6.7　工业区块链+：区块链+知识产权保护和流转

先进工业技术的发展水平除了直接体现在生产力水平上，专利等知识产权的数量和质量也是一个相对客观的评判标准，通常人们会以一家企业在所属行业中专利数量占比来判断其是否在技术上建立了壁垒，在世界各

国都越来越重视知识产权的今天，用这些来建立壁垒往往可以比市场壁垒和先发优势更能直接获益。

在移动通信进入 3G、4G 时代以后，高通在此领域占据了巨大的市场份额，并因专利布局和专利授权赚取了巨大的利润。其他厂家都是按照自身提供的芯片或零组件的销售金额为基础计算专利费，而高通则要求按照手机整机销售金额为基础计算专利费，这种近乎"无理"的要求却让众多世界巨头纷纷无奈签约，究其原因就是在这个市场上高通掌握的专利布局让任何人都丧失了讨价还价的能力。

中美贸易摩擦除了贸易逆差问题以外，美国一直在拿保护知识产权问题进行攻击，认为中国一直都在保护本国企业，默认中国企业进行对美国企业的侵权和抄袭。其实加入 WTO 以后，我国政府一直都在进行知识产权和版权方面的法律法规制定，对侵权企业的处罚力度也越来越大。随着我国企业也越来越重视知识产权保护，以及研发力度加大，保护知识产权也是对自己知识成果的一个保护。

过去的知识产权申请周期很长，而且进行检索和维权也很难，这是由于传统的知识产权登记和维权都是中心化运作，必须由管理部门进行操作裁定。为了保证公平性和权威性，从而导致处理效率很低，并且任何一个国家都只能在权利范围之内运营知识产权确权登记，互不认可不管是出于区域性市场保护，还是真的存在实际操作问题，都会导致对持有者保护不到位。

知识产权登记确权是高度依赖数据库检索、存储和读取的，这是非常适合使用区块链技术进行支持和改造的领域，可以在确权、所有权使用、维权三个方面进行。

　　比如知识产权讲究的是先登记者即为所有者，如果按照目前动辄几个月的申请时间，很可能最初的发明创造者因为登记时间晚反而落后于抄袭者，采用区块链技术进行登记几乎可以做到实时登记确权，所以用数字化的方式进行产权登记势在必行，并且好处显而易见。

　　区块链的基础技术时间戳和分布式存储，可以用来记录知识产权从提出申请及完成审核后的正式批复，任何人的使用和购买行为都被忠实地记录在链上。并且由于区块链的全球信息互通性，不同国家之间都可以使用同一条知识产权公链，使一次申请全球生效成为可能。从而可以为知识产权的转让活动提供不可篡改的跟踪记录，并且再也无须去寻求第三方担保的帮助。在发生纠纷时，申请和登记时间一目了然，避免了因中心化机构运作，容易让人诟病是否有暗箱操作的可能性，当维权非常容易，侵权越来越困难时，知识产权的作用会被放大。

　　区块链技术能够以点对点的形式来进行数字资产的价值传递，因此有一些企业已为实施知识产权许可以及更加灵活地付费使用知识产权做好了商业模式设计。过去的模式通常是买断制，因为按次计费无法进行界定。知识产权资产的数字化可以进行小额支付，使单次知识产权购买成为可能，过去传统方式只能够进行长时间购买或一次性买断，这不利于知识产权的快速流动和增加交易频次，很多有用的知识产权都被闲置。用纯数字化的方式进行传递，可以用最简单、快捷的方式进行知识产权调用。所有行为都记录在链上，也便于后期的检查及维权，对于使用次数、使用时间，都有据可依，有源可溯。

　　如果是联合创作的知识产权，还可以按照贡献度设定收益比例，利用智能合约进行产权售卖，一旦成交即可自动分配，避免了后期收益权纠纷

的可能性。

区块链加知识产权的新模式，可以让知识产权高速流通，也可以刺激每个有自己发明创意的人都去进行申请，可以起到促进发明创造的作用，这在工业领域更为显著。让每一个敢于投入资金和时间进行技术研发的企业都可以获得保护自己的武器，并且每一点投入都有收获，才能让整个产业的技术水平越来越高。

6.8　工业区块链+：通证经济系统

学习区块链知识更多的是为了以后区块链技术全面走进实体经济，走进人们生活的时候，可以更容易地接纳和拥抱这项技术，利用它更好地工作和生活。那么实体经济行业，该如何改变自己拥抱数字世界呢？

从 2018 年开始有一个词也很火，就是通证经济。有很多新的数字经济改革方向，都是围绕着通证展开的。那么什么是通证呢？从字面意思解释，通证的通是通用的，它代表了通证的使用范围，是在一个领域、行业或经济体范围内的。证是证明，可以是资产证明、权益证明、权限的证明等。通证就是通用的证明。

我们实体经济企业的通证是什么呢？是固定资产的数字化表示，还是公司的股权呢？其实这些都是通证的一部分，但并不完全。传统意义上公司的价值锚定是公司资产和盈利能力的映射，并且可以转化为股权进行融资等经济活动。

但还有很多无形的东西都无法被实际衡量，有价值，但无法量化。比如企业的用户沉淀、公司的上升潜力，员工的内部凝聚力等，这时候就需

要用更广义的方式来定义。

通证可以是公司的有形和无形资产的数字化表现形式。可以是全体员工的共识，也可以是用户对产品的认可度。权益包括了股东权益、用户权益、员工权益等。

过去讲流动性更多的是讲资金流动性，这是因为其他资产不好流动，没法量化也就没法形成交易。前面讲过的固态资产、液态资产、气态资产。通证经济就是把固态资产、难以量化的无形资产都气态化，给这些资产一个自由流动的空间，而这些气态资产可以跑在去中心化的区块链网络上，进行点对点的自由交易。

如果说通证经济改革是要激活传统实体经济，那么要怎么来理解并实施呢？

首先要知道区块链是改变生产关系的底层技术，它并不直接改变生产力，而是从润滑剂和粘合剂的角度刺激经济活动的发生频次和主动性。先让资产气态化、数字化，然后再让交易更容易，在可信交易网络上进行高频次的价值流转，创造高流动性资产。

那么对于企业来说什么是生产力呢，生产力包括企业员工、生产设备、资金和负债等，企业的技术水平和研发能力，也都是生产力范畴。

那么对于企业什么是生产关系呢？生产关系是资产分配制度、激励制度、员工价值观、用户黏性、产业链的整合程度等。生产关系处理不好直接制约生产力的发挥。

所以说通证经济就是对企业内部及外部生产关系的改革，使生产关系更加积极、正向，能够发挥企业生产力的作用。

当前可以从以下几点进行通证经济改造，让积极的生产关系激活生产

力水平，起到 1+1 大于 2 的作用。

1. 内部激励通证化

建立一个可以真正量化的激励体系，公开透明，激励可以被灵活变现，比股权更具有时效性，比直接发奖金更具有成长性。过去企业的激励制度大都是由董事会来决定，但具体如何发放激励要由大大小小的中层管理干部来做，这里面就有不公开、不透明的问题存在，有失公允会导致激励起到反作用。同时也存在着很多员工的积极行为不容易被激励的问题，比如每天积极地完成工作，可以达到 KPI 要求的 110%，但企业基本上是不会直接多发 10%工资的，而发一个奖章或是一个礼品，又都起不到激励作用。现在大家也都说人难招、更难管，其实还是因为激励不到位，现在的年轻人不再是过去只要能赚钱解决温饱就可以安心工作了，这带给管理者的挑战很大。

大家想想，很多区块链公链项目也没有给参与者发工资，为什么还是可以吸引很多优秀人才参与呢？这就是激励的作用。企业可以借鉴这个思路，除了工资以外，用通证来激励。比如今天做好了一点小事，也可以量化成多少的通证，企业可以设定通证能够兑换的权益，可能是一天休假、一顿大餐、一个特别的福利等。其实过去也同样可以采取这种方式，那现在要做的有什么不同呢？现在所有规则都是公开透明的，每一个通证的获取都记录在链上可供查询，做到了完全没有暗箱操作，避免了激励不当导致的反作用。

通证因为它的气态化特点，可以给任何一个正向行为定量激励，大事大激励，小事小激励，可以通过任务发布，自由领取的方式，让员工从被

动地工作转变为主动地寻求任务。

同时可以设立一个自由交易中心，员工获得了通证激励以后可以自由地交易，可以兑换成其他同事手里的福利，也可以换成法币等，这种价值的自由流动可以在内部激活员工的积极性，使每一点正向积极的行为，都可以被量化和价值化。

2. 集团内部交易通证化

这个通证经济模式比较适合集团型的公司，集团公司有不少是产业链上下游关系，所以会有内部关联交易，同时也会有一些金融借贷等。如果每一笔交易都按照正常的公对公来签合同、付款、开发票，无疑会增加很多财务成本。并且有一些金融行为必须是拥有金融牌照才可以做的，否则会有合规问题。

那么如果内部交易没有履行完整的交易流程，就会存在财务账目不完整的问题，影响年终结算，到时候就是一笔糊涂账。这时可以用通证化来做交易。集团内部发行一个只在内部流通的通证，和法币有一个固定的比例。内部的一些关联交易都使用通证结算，集团财务监控所有的交易数据，一头一尾使用法币进行兑换。一切交易都在链上进行，保证完整性和可追溯性，所有价值流转都使用通证，避免了财务和税务问题。

3. 产业链金融通证化

前面讲过智能合约，可以避免产业链资金链断裂，用区块链解决供应链清结算的案例。

用通证加智能合约的方式进行产业链金融数字化改造，保证产业链金融的稳定性，让产业链条不会因为某一家资金出现问题而出现崩盘。由于

资金在产业链内部可以快速流转，智能分配，也带动了产业链的快速重组和灵活替换。否则账款积压、资金流转困难等问题，会随着产业链的重组变得越来越严重。供应链金融的稳定性决定了产业链的柔性化程度，资金风险决定了企业的边界。实际操作可以由消费者将货款支付到某银行，同时智能合约触发产业链的快速整合，每个组成单元都是一个工厂或是个人协作者，完成自己任务以后可以获得相应的通证，最后用通证去和银行兑换法币。

4．产品积分通证化

我们都听过创始人这个词，某项目创始人，某公司创始人，还有联合创始人，创始团队等。这都是对企业创立者的肯定，可能某一天这个公司成功上市，创始人也实现财富自由。这些创始团队最初的那一批种子用户是非常重要的，但从来没有听说过创始用户这个说法，这些用户在团队最困难的冷启动期进行消费、给出宝贵的建议，但并没有因为这个项目的成功而获得相应的激励。

那么就应该设立一种机制来鼓励这些种子用户，让他们成为项目的创始用户群，所有的正面行为都得到激励，在未来项目做大以后能够享受到红利，这有助于项目的快速成长。

过去很多企业会采用积分来鼓励客户消费，但规则是企业定的，何时到期清零，兑换什么也都由企业做主，积分的不通用性，早期用户和成熟期用户也没有体现出差异，这些都导致产品积分并没有有效地激励用户。

如果可以让积分通证化，使用户获取积分的行为被记录下来，最早期

的用户始终被记录在链上，早期积分可以通过唯一标识或者数量上的差异化，使种子用户的价值被通证化所放大，在未来公司做大甚至上市时可以兑换成权益甚至是股票，会使项目团队更容易获取到第一批用户。这些积分通证如果可以代表未来的价值收益，也就被赋予了可衡量价值，在恰当的范围内也可以进行价值流转，这样也使企业拥有了更高的关注度，使更多的用户被吸引过来。

5．优质资产数字通证化

前面讲过气态资产、无限拆分、自由交易。相比股票、债券等形式，通证的发行方式更加灵活，同时交易的速度也更快。通过使优质的资产用数字正通化的方式放到在链上，通过客观的资产评估，可以进行正规渠道融资。

通证经济并不是通过区块链画一个"饼"，发一个虚拟币，让人们去炒作，而是让企业资产通证化。这些通证代表了资产的所有权，也可以是企业的股权等，这些东西其实都是抵押品，但是现实中又很难用这些东西很快捷方便地从银行和其他金融机构拿到融资，或者是代价很高。那么就可以通过资产通证化的方式，更灵活方便地从个人投资者手中拿到资金，这个和P2P又不太一样，没有中间的这个平台，而且一切的信息都被记录在区块链之上，现实世界中也要有第三方机构做审计和评估，尽量安全地使企业和投资者都保证自己的利益。

第 7 章

应 用 案 例

7.1　区块链技术应用概述

在很多对区块链抱有较高预期的人看来，区块链技术与各个行业的结合，将会对经济社会中的各行各业产生非常多样化的影响，就像互联网对各个细分领域的改造一样。但从目前具体的案例来看，事情似乎并非如此。在"互联网+"的世界，很多行业的解决方案都比较有行业特色，比如说：互联网+零售=电商；互联网+出行=共享交通；互联网+金融=移动支付……但到了区块链领域，画风就变成了：区块链+农业=溯源；区块链+采矿业=溯源；区块链+大宗商品=溯源；区块链+奢侈品=溯源……

不难看出，上面几个"区块链+"的组合，与其说它们是这些细分行业的区块链解决方案，不如说是贸易行业的区块链解决方案，因为在这些商品的生产环节，基本没有用到区块链技术，而只有在交易环节才用得到。但关键在于：无论是农业、矿业，还是奢侈品行业，它们的交易业务并非是由自身来执行，而是外包给贸易公司的，所以在这一过程中，使用区块链技术的其实并不是这些企业，而是贸易公司。至于这些细分行业，它们从区块链中所得到的好处就是：通过将重要的生产与贸易数据上链，向消费者证明了自己产品的质量，从而提高自己的市场占有率。

这样一来，就涉及了一个非常有趣的话题：当人们在说"区块链+"的时候，究竟指的是什么？

根据笔者近期的研究、总结与归纳，得出了一个结论：那就是所谓的"区块链+"，它在可预期的时间之内，对于各行各业的影响方式其实有两种：一是直接影响，二是间接影响。这其中，"直接影响"指的是区块链重

构了某个行业原有的运行原理和逻辑，就像共享出行重新定义了中短距离出行一样。而所谓的"间接影响"，则指的是某个行业虽然没有被区块链重构，但其上游供应商或是下游客户在跟区块链行业结合之后，对它的业务产生了影响，例如共享单车的出现给自行车厂商和修理商带来了大笔订单。

各行各业从区块链技术的发展中所受到的影响，其实可以大致参照以下类比（如图7-1所示）：当用天文望远镜看夜空的时候，观察者视野内的繁星按照可见度不同，可以被分为三种：第一种是恒星，本身有发光能力；第二种是亮行星，只能靠附近的恒星来"沾光"；第三种则是暗行星，由于离光源恒星太远，连沾光也做不到。实体产业与区块链的结合，目前就是如此：有些行业就像恒星一样，本身可以跟区块链进行较为紧密的结合，备受瞩目，大放光彩；有些行业像亮行星一样，本身很难与区块链进行紧密的结合，但可以通过从其他拥抱区块链的上下游伙伴那里"借光"，从而影响其经营成本与收益；还有一些行业则如同暗行星一样，不仅其本身很难与区块链进行结合，就连上下游产业链的合作伙伴也与区块链绝缘，在这样的情况下，区块链技术的诞生和爆发对其来说基本没有任何影响。

类型	特点	类比的行业
恒星	自身可发光	可以和区块链直接结合的行业
亮行星	反射恒星的光	可以从区块链中间接受益的行业
暗行星	无法反射恒星的光	无法被区块链影响的行业

图7-1　各个垂直领域与区块链的结合程度，非常类似于群星的发光情况

7.2 区块链 + 工业

首先来看区块链与工业各个垂直领域的直接结合。在这方面，需要指出的是，虽然在与一个行业密切结合的时候，区块链很容易重构这个行业原有的运行方式，但问题的关键在于想让区块链与哪个行业密切结合，还真的不太容易。而出现这种情况的最主要原因是：传统的产业数字化路径，对于区块链的落地并不友好。

一般来说，实体产业数字化的路线往往是这样的——先把物理世界中的资产映射到数字世界中，形成一个数字化双胞胎，然后对这个数字世界中的数字化双胞胎进行改造与提升，进而来优化物理世界中的各种资产，如图 7-2 所示。我们所熟悉的区块链技术，最初也是被计划这样去改善实体产业的，亦即被动地等待着产业数字化程度的提升，以及数字化双胞胎的出现。比如之前颇为火爆的区块链发票，这个项目实现的大前提就是区块链发票必须要实现电子化。可以说，如果电子发票没有在 2013 年诞生，还是以纸质的形式存在的话，那么区块链发票是无论如何也不会在 2018 年出现的。

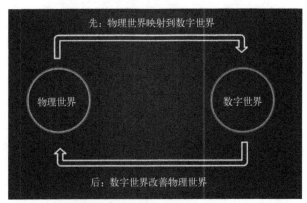

图 7-2　传统产业数字化领域中，物理世界与数字世界的交互

但是问题在于,将实体资产从物理世界映射到数字世界的这个过程需要很高的成本,比如 App 等软件研发的成本、物联网设备等硬件架设的成本以及像电子发票那样获得社会认可的沟通与公关成本,这些成本的存在就决定了:一项资产从物理世界映射到数字世界并不是一件容易的事情。虽然细分产业数字化程度的提升对于改善社会运行的整体效率有着很大的作用,但是问题在于,对于为这些成本买单的利益主体(比如说个人、个体户、企业)来说,这个成本他能不能接受得了?能不能从中得到回报?成本回报比是否在它的接受范围之内?这都是需要进行考虑的事情。如果说对于企业来讲,数字化确实能带来实实在在的好处,那企业自己就会投资提升自己的数字化程度,但如果不能从中得到什么好处,那就算外界再呼吁,人家也不会掏腰包,虽然从旁观者的角度看上去,一个很原始的经营模式可能不够高档,但是起码保障了企业的利益。

在这方面,"互联网+餐饮"堪称一个典型的例子。一般来说,餐饮有两种方式,一种是外卖,另一种是堂食(如图 7-3 所示)。这其中,外卖已经基本实现了与互联网的融合,数字化程度大大提升。但堂食有没有使用互联网技术的必要?非常有。回想一下用餐高峰期的餐馆,服务员要记单、下单、上菜、打扫卫生,很容易忙中出错,从而无法保证服务质量。这时候,如果扫桌上的二维码,用小程序点餐,一方面服务员省去了记单、下单的过程,另一方面顾客也得到了更好的服务,可以说是一种双赢的局面。事实上目前不少商家已经开始这样做了。但人们可能没有注意的是:可以用二维码点餐的商家,主要都是连锁型的品牌店。

图 7-3 "互联网+堂食"目前主要还是肯德基、李先生这样的

连锁餐饮店在使用，传统小店用得较少

为什么会这样？原因很简单。尽管点餐小程序非常便利，但对于毛利率不高的餐饮行业来说，它的开发成本是不容忽视的。连锁品牌可以通过众多的门店来摊薄成本，同时还可以与互联网公司之间建立 B2B 的合作关系，来对数据的价值进行分析挖掘。但如果只有一个店面，那就很不值得了，一方面没法摊薄成本，另一方面就算获得了海量数据，也很难进行分析。这种情况下，对于连锁店来说，"互联网+堂食"就是最好的状态，而对于小店来说，"人工+堂食"才是最好的状态，它没有必要为了看上去与时俱进，而向着"互联网+"去迈出那一步，因为损益比不值得。

"互联网+餐饮"的案例，实际上只是庞大社会经济中的冰山一角，很多细分行业在数字化的过程中也面临着同样的问题——成本太高，收益却很低。这使得各行业的数字化程度普遍很一般，在日常中，由于人们已经

习惯了现有的生活方式，所以并不会感觉到这种低下的数字化水平对生活会有什么影响，反而会对某些行业出乎意料的数字化程度而感到惊喜。

但是，对于急切想要为区块链正名的从业者来说，在他们"拿着锤子找钉子"的这个过程中，各行各业数字化程度不高的缺点就立刻暴露出来了，这种低下的数字化程度，使得目前能够与区块链直接结合的细分垂直领域并不是特别多，尤其是比较传统的第二产业。

7.3 区块链1.0：溯源＋工业

正如上面所述，在现在的区块链工业领域，有一个比较值得注意的现象：虽然人们对区块链技术普遍有着比较高的评价，也认为其在经济社会的高效运行中会起到很大的作用，但纵观市场上现有的区块链解决方案会发现，它们的发力方向都有点雷同：有相当一部分都是和区块链溯源相关的——也就是将产品的生产运输信息记载在区块链上，从而让下游的用户能够了解到这一过程中的情况，这样的应用，多少会给人一种意犹未尽的感觉。

为什么会出现这样的情况？通过对相关资料的调查与分析，笔者发现，人们对区块链应用场景的束缚，很大程度上是因为：大家在进行区块链学习的时候，选择了一个相对来说比较速成的方法——类比。

经常喜欢学习新知识的读者往往会有这样的感觉：在刚刚接触某一行业，对基础的概念完全不了解的时候，寻找一个现实中的事物进行对标与类比，是最有效率的学习方法，于是在区块链概念最热之时，我们便看到了很多用来类比区块链的事物与场景。不过，由于很多场景都是人们在对

区块链不够了解的情况下进行的模拟，所以有些类比并不够准确，比如说区块链是一种"撕碎后可以随时拼接"的账本。在这其中，相对来说比较权威且容易理解的，当属李笑来提出的"不可篡改数据库"一说，按照他的说法，所谓的区块链，"本质上看来很简单，就是历史数据不能篡改的数据库技术"。

毫无疑问，李笑来的这个阐述，是非常有助于刚接触区块链的人实现快速入门的，至少比之前流行的"分布式账本"更容易让读者理解，但是后来人们发现，"分布式账本"也好，"不可篡改的数据库"也罢，都没有覆盖区块链的所有特点。比如说，人们很难用这个概念来通俗地解释：为什么一个基于"不可篡改的数据库"的网络上的信息无法用常规网络手段进行拦截？毕竟在很多人的印象里，数据库就是用来保存数据的，除此之外，一般没有其他的用途，和"拦截信息流转"联系起来更是难上加难。

在这样的情况下，越来越多的人感觉到：无论是用"分布式账本"还是用"不可篡改的数据库"来形容区块链，其实并不是一个特别"亲民"的解释。于是，人们便把这个概念进行了进一步的延伸，将其调整为一个架构在原有互联网"七层协议"架构（如图7-4所示）上的、基于分布式链式数据库的新型互联网协议层，也就是说，区块链不仅仅是一条链，也不仅仅是一个数据库，更是一张独立于现有 HTTP/TCP/IP 协议栈的、去中心化存储的网络。

严格来说，从"无法篡改的数据库"到"去中心化存储的互联网"，社会对于区块链的理解与认知，是越来越接近这一新生事物的真面目的，然而问题在于，虽然"去中心化互联网"这个描述，使得大家可以快速地对区块链有一个比较准确的理解，不过从另一个角度来看，它也束缚住了很

多人的思维，在他们看来：既然区块链归根到底还是互联网的一个子分支，那它必然能够解决互联网此前未能解决的一系列问题，或者进一步说，它的存在就是为了解决此前互联网未能解决的问题的。

图 7-4 "七层协议"架构

在这样的思路引导下，人们对于"区块链+"的预期，在无意间有了一个比较明确的定位：那就是作为"互联网+"的延伸，去完成一些中心化互联网此前未能做到的事情，而不是去想区块链能否解决一些互联网从未涉足过的场景。

众所周知，中心互联网想要解决的最主要问题之一是信息不对称。但是一般来讲，互联网所解决的信息不对称，只限于信息传递链条上的单个环节，比如说从 A 传递给 B 的过程中，信息是可以保持准确的。但如果信息传递链条要经过多个环节，例如 A→B→C→D，那出于主观或客观的原因，每一个传递的环节都很容易造成信息精准度的损失，比如说商品真正的生产日期等。在一般的互联网思维中，理论上应该剔除掉像 B 和 C 这样的信息中介，也就是"去中介化"。然而问题在于：由于社会分工的存在，

很多时候像 B 和 C 那样的中介暂时不能被彻底取代，例如工业制造领域的 M2C（生产厂家直接对接消费者）虽然喊了很多年，但在中心化互联网之下却始终未能实现，因为人们还是需要一个 B 端的批发或零售商来承担起对接客户的责任。

那么，在 "A→B→C→D" 式 "多环节信息传递" 还将在经济社会中存在一段时间的情况下，要如何确保信息的精准度呢？在这样的情况下，很多人顺藤摸瓜地找到了据称可以弥补中心化互联网不足的 "去中心化互联网" ——区块链，利用其 "不可篡改" 的特点，把这项技术与信息追溯（也就是 "溯源"）牢牢地联系到了一起，由此引发了现在 "满城尽是溯源链" 的盛景。如图 7-5 所示，区块链与实体经济的结合是存在 "断点" 的。

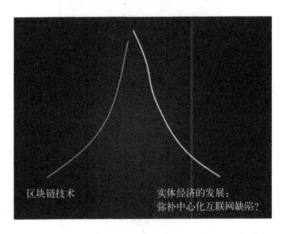

图 7-5　区块链与实体经济的结合存在 "断点"

从这点来看，在区块链落地于实体经济的问题上，人们率先将其应用于防止信息精准度衰减的溯源，其实并不是什么令人意外的事情，需要指出，大概是读者自己经常处于 C 端消费者的位置，外加 "溯源" 这个词字面意思所限（回溯源头），所以很多人对于 "溯源" 的理解，经常会被单纯地框限在了 "追溯上游生产记录" 的场景中。实际上，尽管 "溯源" 是一

个相对来说比较单调的应用场景，但其实并没有人们想象的那样单调，它至少是可以同时向上游和下游两个方向进行追溯。图 7-6 是企业利润、成本、收益和投资之间的关系，具体来看，溯源对于促进实体经济发展的作用主要来自于以下三方面。

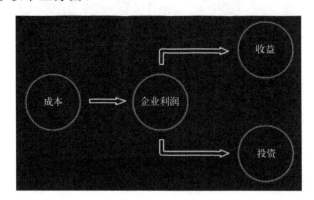

图 7-6　企业利润、成本、收益和投资之间的关系

1）溯源对于企业来说，有助于了解各种上游物资的生产及运输过程，从而防止不必要的溢价及维护成本，如图 7-7 所示。

在这方面，典型的案例包括"区块链溯源+工业设备"。

对于工业企业来说，在经营过程中，有几件事是尤其要注意的，除了安全生产之外，另外一条便是设备的损坏，因为这种情况的出现往往意味着要进行停工检修，以及后续检修频率的提高。而工业大型设施的每次维修，都意味着企业的零产出和高额的设备起停费用。典型的案例包括火电站、冶金厂高炉以及地下矿井的采煤机。为了避免这种情况的发生，企业一方面需要在初始进场时就采购质量比较好的设备，以避免类似情况的发生，另一方面则需要准备一些质量过关的标准化零件，从而当故障发生之后，能够在尽可能短的时间内完成维修。然而问题在于，目前的零件市场（尤其是通用零件）是一个相对来说比较无序混乱的行业，各种小厂家层出

不穷，在这样的情况下，区块链溯源可以保证工业企业能够采购到正规厂家生产的高质量设备与零件，从而减少生产过程中故障的发生概率，同时缩短故障的持续时间，最终压缩不必要的运营成本。

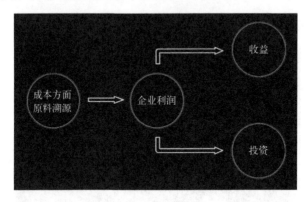

图 7-7　区块链技术通过原料溯源帮助企业降低成本

2）在产品销售的收益方面，"溯源"有助于那些产品性价比较高的企业打开市场，从而增加销售收入，如图 7-8 所示。

这方面的典型例子，莫过于"区块链+农业/渔业/畜牧业"了。

具体来看，随着以城镇居民为主的消费者收入水平的提高，现在人们在饮食方面对质量的要求开始逐渐提高，其中一个重要的方面就是食材安全问题。由于目前各种食材的生产地和消费地距离甚远，消费者对生产者使用的农药化肥以及运输加工过程中使用的添加剂等信息根本无从了解，信任程度总体来说不高。尤其是近年来的一些负面新闻，更令消费者对食品安全有些担忧，有些人甚至不惜花重金从海外淘来食材自己制作，这对于上游的农业供应商来说是很尴尬的——即便他们大多数都比较遵守规则，可能也会因为个别不法同行的牵连而难以获得下游消费者的信任，最终被一概定论。在这样的情况下，如果他们生产并加工食材的相关数据与信息能够穿透多个环节传递到消费者那里，那对于这些供应商来说，他们

不仅因为本土供应商无须承担关税的优势而拥有相对便宜的价格，同时也能够证明自己产品的质量确实过关，由此在下游市场那里占有更多的市场比例。

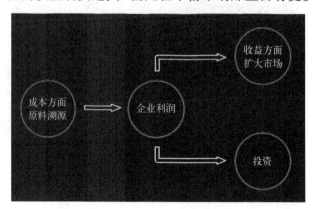

图 7-8　区块链技术通过质量溯源帮助企业增加收益

3）在资本投资的收益方面，"溯源"可以更好地帮助投资企业掌控风险，如图 7-9 所示。

这方面的典型例子是目前"区块链+金融"的部分场景。

近年来，互联网金融安全事故频发，在让很多普通人蒙受了巨大损失的同时，也不禁让人反思：看似前景光明的互联网金融行业，为何会出现这样的情况？毫无疑问，一个重要的原因是投资者的权责不对等，他们一方面拿出自己的资金进行投资，但另一方面又对自己所投资资产的运行情况不甚了解。这个案例其实也同样适用于企业——随着近些年来"产融结合"口号的走热，越来越多的企业进入到投资领域中，在经营主业之外，也开始进行对一些基金或是项目的投资，但问题在于，资金在进入资产池子之后，其流动情况往往是由投资平台单方面披露，其可信度存疑。在这样的情况下，近期某基金会已经开始通过区块链对所投资金进行"信息追溯"，有助于企业更为真实地了解到所投资产的质量以及自己的资金流向，从而及时地进行相对准确的投资决策，如增资或是止损等。

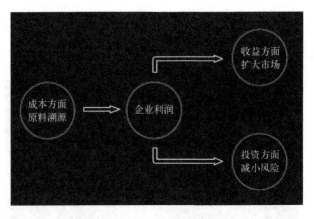

图 7-9　区块链技术通过资金信息溯源帮助企业减小投资风险

从上面的分析其实不难看出，看似单调的"溯源"，对于为各行各业开源节流，理论上确实起到了一定作用。但是，如果把区块链仅仅是作为互联网的延伸，让它当一个确保信息传递精度的机器，那未免有点低于人们对它早先的预期。为什么会出现这样的情况？根据笔者此前提出的"双线理论"，除了前面所提到的，中心化互联网思维的束缚导致了应用场景的单一之外，技术这条线上的落伍，实际也是一方面的原因。不难看出，像溯源这样的行业解决方案，实际上利用的是区块链 "不可篡改"的特点，然而，区块链的"不可篡改"这一特点，早在 2013 年左右的时候，其实就已经被从业者（当时主要是比特币的投资者）烂熟于心了：虽然当时业内还没有"区块链"这个词，但很多数字货币的投资者其实早都知道"51%攻击"的概念，也明白比特币的交易记录是极难篡改的，只不过没有用现在这样体系化的语言表达出来。换句话说，2018 年的区块链溯源的解决方案，其实依仗的是区块链 1.0——也就是 2013 年前后数字货币时期的区块链特性。

这显然是一个值得注意的细节。尽管目前来看，区块链 1.0、2.0 和 3.0

的划分可能不那么标准，但它至少说明了一件事，那就是区块链的 1.0 指的就是这项技术还处在非常早期的发展阶段，那么，一个如此初期的数字化技术，能够产生出比较好的解决方案吗？在这方面，可以类比一下其他领域的 1.0：工业在 1.0 时代的典型产品是蒸汽机，能源 1.0 是秸秆木柴，互联网 1.0 则是人与人之间的远程交流。而结果也是显而易见的：蒸汽机因为比较庞大，最初就是用作运输工具、秸秆木材则是因为低效又不环保，只能塞进炉膛里作为生活供暖燃料，至于人与人之间的远程沟通，主要就是衍生出了论坛和聊天室这样相对比较初级的产品。

从上述技术的发展历史不难看出：无论是什么样的细分领域，只要还处于 1.0 阶段，那它的使用场景必然是比较有限、产品相对比较初级的。区块链也是如此，如果人们仅仅想利用它在 1.0 阶段所体现出的"不可篡改"的特性，来实现他们在最初所定下的各种远大目标，是一项比较困难的任务，因为这个特点虽然很重要，可以说是数字世界的重要基础设施，但也正因为过于基础，所以很难拿来直接使用，就好像室内设计师在直接面对毛坯房时，也很难给出一个很好的解决方案一样。由此来看，区块链如果想要摆脱当下"逢应用必溯源"的尴尬，需要在以下两条线上寻求突破。

首先，在"实体经济线"上，区块链虽然本身是"去中心化互联网"，但它必须摆脱自己作为"中心化互联网"延伸的定位，努力去寻求此前中心化互联网从未尝试涉足的一些领域，如图 7-10 所示。在这方面，手机堪称是一个楷模般的先例。它最初的时候，就是为了弥补座机电话难以携带的缺点而出现的移动通信工具，所以我们看到，手机的英文翻译就是"mobile phone"（可移动电话），而日文翻译就是"携带电话"，可以说跟区块链被定位为"中心化互联网"的延伸有异曲同工之效。然而对于大多

数的人来说，现在的手机早已经超越了"便携式通信工具"的意义，它不仅是一个移动电话，更是一个游戏机、电影院甚至是 ATM，通过涉足这些座机此前从未接触过的领域，手机的制造商们成功地使人们花在手机上的时间越来越长，而手机也就此从最初那个相对边缘的日常电器，变成了数字时代人们生活的核心。

不过，需要指出：对于区块链来说，跳出旧有"去中心化互联网"定位的限制，是需要建立在对区块链技术及产业经济有着较为深刻理解的基础之上的，否则很容易变成非常无厘头的天马行空。像某知名家电公司在 20 世纪 90 年代曾经生产过"能洗地瓜的洗衣机""能洗龙虾的洗衣机""削土豆皮洗衣机"一样，这样的"一物多用"不仅没有任何意义，反而是平添了笑料。

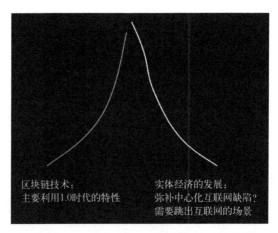

图 7-10　区块链结合实体经济，需要跳出互联网的场景类比

其次，在"数字技术线"上，人们一定要基于区块链原有的"信息不可篡改"特性，让更多的数字技术在其基础之上实现。事实上，目前很大一部分区块链行业解决方案的场景被限制在溯源领域，归根到底，还是由于人们在产品设计与行业展望的过程中，思维因果链比较短的结果：也就

是只能思考到"不可篡改-确保信息精准度"这一个环节，然后就开始围绕着"确保信息精准度"做文章，而没有想到在"不可篡改-确保信息精确度"的基础之上，还能不能长出新的逻辑链条，从而在新的逻辑环节上开发产品，而这正是区块链技术解决方案最需要的。

这方面的例子之一，是现在都已经非常熟悉的"智能合约"，它突破了"不可篡改-确保信息精准度"的这个环节，实现了"不可篡改-确保信息精准度-智能合约的可信运行环境"的组合。

7.4 区块链 2.0：金融＋工业

随着人们把智能合约与区块链进行结合，在其技术特点从"不可篡改→确保信息精准度"的链条上增长了一环，变成了"不可篡改→确保信息精准度→交易交涉自动化"之后，区块链技术的应用落地场景也迎来了一个大的扩展与突破。可以这么看：区块链 1.0 "不可篡改"的特性，很多时候只能被用于向上下游溯源的场景，跟工业 1.0 中主要应用于交通运输的蒸汽机差不多；而区块链 2.0 的"智能合约"，由于它能够实现一个"经济运行自动化"的作用，所以从理论上讲，这项技术组合可以被应用到经济社会中的方方面面，与工业 2.0 中电气化技术可被应用于 N 多的实际场景颇为类似。

然而，如同发现电磁感应原理不代表社会立刻就会进入到电气化时代一样，智能合约被证明可以在区块链之上实现，也并不代表人类立刻就能进入到"经济运行自动化"的时代。至少就目前来看，智能合约还处于一个比较早期的发展阶段，在应用到现实中的过程中，还面临着一些基础设

施的限制，就如同当年的电力生产一样。

电力的利用过程如图 7-11 所示，众所周知，我们之所以能够在工作与生活中用上电，主要得益于以下两个方面：一方面，发送电设施将其他形式的能量转化为了电能，例如火电厂是"化学能→电能"、核电厂是"原子能→电能"、水电和风电则是"机械能→电能"；另一方面，各种家用电器把电网传输过来的电能转化为了我们需要的能量，譬如电灯是"电能→光能"、洗衣机是"电能→机械能"、空调是"电能→内能"，这两个主要环节少了任何一个，人类的电气化就难以实现。

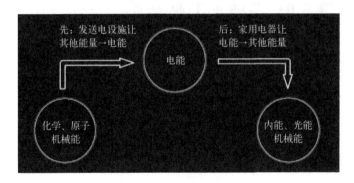

图 7-11　电力的利用过程

智能合约也是如此，如图 7-12 所示。这项数字化技术的运行原理理解起来并不算难，其实跟计算机程序中的"if A then B"颇为类似。而正如我们需要发送电设备把其他形式的能量转化为电能，再用家用电器把电能转化为我们所需要的能量一样，我们同样需要一些设备把现实世界中的 A 条件映射到数字世界，再用另外一类设备把数字世界中的 B 映射回现实世界中。但关键在于：目前各行各业这类类似于发送电设备和家用电器的、用来打通数字世界和物理世界的设施（例如物联网）并不完备，所以导致现在的智能合约就相当于是 20 世纪初期的电力生产一样，前景固然广大，但

现有的基础并不支持其能够起到很明显的社会改造作用。

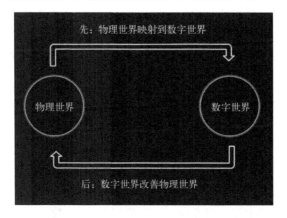

图 7-12 智能合约的利用过程

不过，在众多的行业当中，有一个垂直领域却颇为出人意料地率先与区块链行业进行了结合，而且可行性还很高，这就是金融。

在区块链应用领域有这么一句话，"区块链也许没必要人人懂，但财务主管必须懂。"这句意味深长的话其实反映了一个现象，那就是自从区块链这个词在 2015 年左右时被提出以来后，它似乎天生就携带了金融的基因。最初的时候，人们认为这主要应归因于区块链的首款前端应用——也就是以比特币为代表的数字货币。它们对于法定货币的冲击，给很多人留下了"区块链是一种金融科技"的感觉。

然而，随着联盟链（也就是现在常说的"无币区块链"）的出现，人们随即发现：即便是没有数字货币的存在，区块链依然是会跟金融打得火热，例如包括 BATJ（百度、阿里巴巴、腾讯、京东）在内的各路互联网巨头，它们虽然不被允许发行数字货币，但放眼望去，这些联盟链最主要的应用场景也依然是金融。其中就包括了现在联盟链最拿得出手的应用——区块链发票。

为什么金融与货币会成为区块链最先落地的领域，不管有币无币？要回答这个问题，可能需要跳出"区块链"本身，转而去观察金融这个产业。事实上，纵观整个数字领域，即便是在"互联网+"，金融也是最先与其结合的行业之一。而具体的原因则是：与其他行业不同，资金流动的本质并非物资的转移，而是信息的传递。

这里举个例子：假设 A 与 B 进行交易，A 转账给 B 100 元，这个资金流动的过程，其实并不是像其他物流一样真的有货物在运输，比如说一张纸币顺着网线爬过去了，而是 A 与 B 的银行账户数据库中的信息进行了改动，A 的银行账户上减去 100 元，B 的银行账户上加上 100 元。也就是说，所谓的"资金流动"，其本质不过是"信息变动"而已，如图 7-13 所示。这种现象的出现，其实是人类跨地区资产保管能力提高（锚定资产相同，银行信息互通）和信息记录存储能力（手机等移动记录工具普及）与活动范围实现匹配的一个结果。

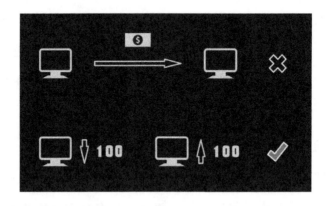

图 7-13　数字转账的过程并非很多人所想象的那样

事实上，回顾货币历史便不难发现：在人类发展早期，个体活动范围极为有限的情况下，一些部族内部其实就是这么进行价值转移的。比如说

知名的"雅浦岛石币"——人们并不会真的扛着石头去买东西,而是会在石板上进行相应的信息标记,表示所有权的易手,跟现在的电子汇款有异曲同工之处。毕竟石币就保存在岛上限定的地点,而且居民的活动范围也是被狭小的海岛所局限。

这样看来,我们现在所熟悉的、带着实物货币和纸币来回跑的交易模式,其实反倒像是人类资产保管能力和信息记录能力在没跟上活动范围扩张速度的情况下的一个临时手段。举个例子:比如说在18世纪,一个欧洲商人想到亚洲去做生意,他必须带足量的黄金,否则没法证明自己拥有财富,毕竟他跑得实在太远,所以即便是在欧洲银行里有财富记录,当时的亚洲人也会因为信息闭塞而不会承认。而即便是20世纪下叶,银行之间信息畅通,消费者在购物的时候,也缺乏一个随时随地可以直接跟银行数据库交互的入口,所以依然是要带纸币出行,在用纸币进行多次的小额支付之后,最后把手里的钞票一次性存进银行里。而随着全球化的推进和手机移动支付的普及,这两个问题现在都已经得到了解决——你在银行里的财富现在可以在全球任何一个有网络的地方得到承认,而你也可以随时随地通过手机钱包来修改自己账上的数据。

毫无疑问,"资金流=信息流"的本质使得金融与货币首先成了与互联网、移动互联网、区块链等数字技术最先结合的细分领域,毕竟互联网技术的诞生就是为了解决信息不对称的问题而存在的,那进行账本信息的修改自然是易如反掌。所以可以看到,资金在互联网上的流动几乎不需要任何专用硬件,仅仅依靠手机、电脑这样的通用设备,外加一些包括网关在内的安全设施就可以轻松完成。事实上,当纵观互联网行业发展的历史便不难发现:在早年网址之家、搜索引擎、聊天软件这种"信息交互"类产

品大行其道时，电商支付因为实现了与物理世界的交互，给人一种"助力实体经济"的感觉，但实际上仔细研究下来便不难发现，电商支付其实做的也是"信息交互"的事，只不过相关企业的创始人早就看透了货币与财富转移的本质就是可以高度电子化的账本修改，而实物类钱币存在的必要性正在逐渐降低，所以才研发出了相关的产品，最终给人一种耳目一新的创新感。如图 7-14 所示，区块链连接数字技术线和产业经济线。

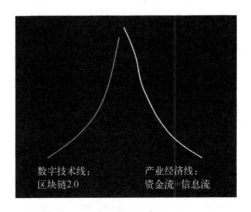

图 7-14　区块链连接数字技术线和产业经济线

在了解了为什么"区块链+智能合约"最可能通过金融行业来助力产业经济之后，再来看相关的案例。在前面笔者已经提到过，所谓的"智能合约"，最主要的体现就是在经济社会中交易与交涉行为的自动化。所以对于金融行业来说，它与"区块链+智能合约"的结合，大部分体现为"if A then X 给 Y 转账"，其中 A 一般为金融行业中比较烦琐冗余的、可以电子化的多个步骤。具体来说，"区块链+智能合约+金融+实体经济"组合的方式包含了以下几种。

（1）跨境支付

有过商品外贸经验的朋友们应该都有所了解：高昂的手续费和漫长的

转账周期一直是跨境支付的痛点。这不仅是一个国家外汇管制政策的问题，更是由于现有的跨国清结算系统（SWFT）是一个非常低效的组织。首先，人们需要经过代理行建立关系，比如欧洲的代理行要通过欧洲 SEPA 转账系统进行转账。同时中间方之间也需要相互建立信用关系。由于中间代理层级多就产生了延时问题，跨境汇款经常需要 2~3 个工作日的时间，资金的流动性由于延时大幅度下降。二是费用问题。汇款费用贵的原因在于基础设施方面：固定费用、金融伙伴、审核制度、全球机构和运行一个全球的支付网络。而"区块链+智能合约"的组合，使得银行和银行之间可以直接打造点对点的支付方式，省去第三方金融机构等中间环节，通过智能合约来制定个性化的放款条件，一旦条件触发，便可以实现资金流动。从而实现全天候支付、实时到账、提现简便以及没有隐形成本，有助于降低跨境电商资金风险及便捷性需求。采用智能合约前后的跨境支付形态对比如图 7-15 所示。

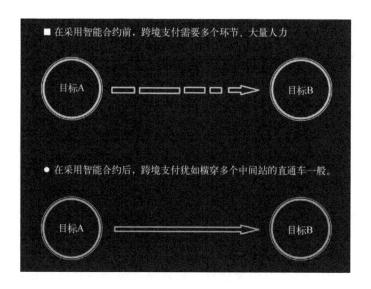

图 7-15　采用智能合约前后的跨境支付形态对比

（2）资产证券化 ABS

ABS 是目前人们已经非常熟悉的一种金融操作，而其与区块链也存在很大的结合空间。需要指出，这里的"结合"并非是将资产代币化，而是利用智能合约，实现加速清偿和违约事件的实时判断。也就是说，如果有底层资产的财务动态表现触发了加速清偿或违约事件等条件，合约条款将被自动强制执行，并将加速清偿或违约事件实时通知各方，使处置工作能及时和透明地展开。例如：在循环期内，若底层资产余额连续 30 日未能达到特定阈值，此时智能合约将自动执行，触发加速清偿事件，并提前进入项目摊还期。而且项目参与方——计划管理人、托管机构、资产服务机构——都将同步接收到加速清偿通知，并同步启动相应流程。另一方面，智能合约还可以辅助计划管理人实现每日循环购买、自动对账，简化投后管理工作，缩减管理成本，提高运行效率。

（3）保险行业的自动化赔付

在大约十几年前，坊间一直流行着这样一句话，"一人卖保险，全家都丢脸。"虽然随着时代的发展，这种偏见已得到较大改善，但它背后仍然折射出一个现实：那就是中国的保险赔付占灾害损失比重远低于国际上 30% 的平均水平。这其中的原因，与传统保险的加入、举证、验证成本都有着很大的关系，尤其是在出现重大责任事故后，本来被寄以厚望的保险公司居然拒绝赔付，自然让人对这一行业印象直线下降。而智能合约的出现，则有望让被保险人摆脱这一限制，只要理赔条件触发，赔付与放款过程就会立刻由区块链上的智能合约来执行，无须任何中心化机构的审核。例如乘飞机的延误险，当投保乘客信息、航班延误险和航班实时动态均以智能合约的形式存储在区块链上时，一旦航班延误符合赔付标准，赔偿款将自

动划账到投保乘客账户，保单处理十分高效，保户不需要跟工作人员费口舌举证、争论计赔时间等。再如车险，智能合约可以记录相关政策、驾驶记录和驾驶员报告，如果互联网车辆在发生事故后，满足理赔的相关条件，智能合约将会立即执行索赔。

总体来说，在金融领域，互联网和区块链技术的推进还是比较顺利的。这方面的频频捷报，使得人们对数字技术拉动经济的预期骤然提升，尤其是近年来"双十一"交易额的连续冲高，更是大大冲击着人们的认知，就如同比特币的价格暴涨让人们注意到区块链一样。在这样的情况下，很多人便把目光转向了金融以外的其他行业。在他们看来，金融这么中心化的硬骨头都能啃得下来，还有什么是我们做不到的？

于是在 2015 年，便出现了《关于积极推进"互联网+"行动的指导意见》这一数字经济的顶层设计，其中提到要"推动互联网由消费领域向生产领域拓展，加速提升产业发展水平"。给人一种产业数字化浪潮"山雨欲来风满楼"的感觉。然而很可惜，从后面的情况来看，这些突入其他细分行业的互联网与区块链先驱者们并未获得预期的效果。这不是他们能力的问题，而是实在过于低估了自己所面对的行业的数字化难度，或者说得准确一点，是高估了自己此前所完成的"金融数字化"的难度。

具体来看，金融以外的很多行业之所以很难进行数字化，一个重要的原因就是企业方面除了研发软件产品之外，还要花很多的时间在硬件等重资产的采购和投放上。毕竟，正如前面所提到的：智能合约"if A then B"的完成，需要专用的设施来实现 A 从物理世界中的输入，以及 B 从数字世界中的输出。金融由于资金流本身就是信息流的特性，依仗着手机和电脑等通用的电子设备实现了这一点，但其他行业就远没那么幸运，无论是相

关物资的采购、运输、仓储，以及与之配套的供应链、交运、占地都是企业需要考虑的难题。而这却正是很多互联网和区块链领域的轻资产精英们所不擅长的。

所以可以看到，最近几年，科技公司在每一次进行物联网重资产的投资时，都伴随着股东和观察者们的无限争议。远的不提，就拿最近几年业内热度颇高的"新四大发明"（高铁、移动支付、网购、共享单车）来说，这其中的后两项，都跟重资产数字化有关——网购需要铺设高效物流，共享单车需要投放大量单车。而相关的投资也遭受了非常大的争议和阻力，京东和亚马逊依靠着创始人极高的企业内威望和执行力，才下决心斥巨资建造了数字化的物流线，由此承受了多年的亏损、直到现在这两大巨头"功成名就"之时，是否应该继续扩张并升级物流设施，仍然是股东们争论的焦点。共享单车就更不用说了，打从诞生起，就一直处于社会舆论的漩涡中心，没有人能说得清企业在单车这种重资产上花多少钱才算是合理，少了很容易被竞争对手挤垮，多了又有浪费之嫌，而且还会招来监管部门的注意。随着现在共享单车行业陷入整体性危机，相关资产的处理问题更是舆论关注的焦点。毕竟跟烂尾的软件不一样，废弃的固定资产由于看得见摸得着的特性，它所引发的视觉冲击和社会争论是非常之大的。

在这样的情况下，在产业数字化的道路上，绝大多数公司在投资重资产的时候，态度都趋向于越来越保守谨慎。如果号称"新四大发明"中最成功的重资产数字化案例也不过如此，那其他的后来者又能做到什么程度呢？谁敢保证自己会是下一个亚马逊、京东、Mobike？毕竟产业数字化现在还没有一个比较好的变现途径，要么你能够在资本运作方面找到接盘者，要么你能够在企业经营方面盘活收集到的大数据，然而在资本运作方面，

随着创业"黄金十年"趋向终结,现在的风投在收购公司上已经越来越谨慎,大数据公司的估值早已不复当年,甚至更多的时候是有价无市;至于在企业经营方面,产业数字化所收集到的大数据如何体现出自身的价值就更难说了,按照标准的流程,产业数字化的变现途径应该是"铺设物联网→获得大数据(物理世界进入数字世界)→数据自用/加密交易→打磨AI解决方案算法变现(数字世界改善物理世界)",但问题在于:现在数据的加密交易和 AI 解决方案技术不成熟,这使得数字世界很难反过来改善物理世界,而上面的盈利链条也就无法成立。

从上面的分析不难看出,在资本运作和企业经营两条路径都很难获得预期收益的情况下,科技公司在产业数字化过程中投资铺设物联网设施的意义的确不是很大。由此,其他行业何时能够变得像金融一样高度数字化,从而能够与"区块链+智能合约"进行顺利对接,也是一件很难预测的事,就现在来看,笔者看不到绝大多数领域短期内进行大规模重资产数字化的可能性。也就是说,在可预期的一段时间里,"区块链+智能合约"还将应用在以金融为主的细分领域,而暂时不会扩张到其他行业,毕竟即便是上面的两项关键技术(大数据加密交易和 AI 解决方案)明天就出现重大突破,要让它们实现商用并将利益通过相关的链条传导给投资物联网的企业,也是需要一个传导的时间差的。

物联网不容乐观的落地前景,标志着区块链与智能合约的结合无法像传统的科技一样,能够等着物理世界的信息映射到数字世界中,至少在金融行业以外的领域很难,这也是很多声音目前非常看空区块链技术的一个重要原因。不过,区块链存在一个跟我们之前见到的所有高科技(包括互联网和移动互联网在内)最大的不同,那就是无论是传统互联网还是移动

互联网，它们都是在产品出来之后，才普遍获得社会的认可，在此之前，当它们仅仅以一个概念存在的时候，并没有太高的关注度，而区块链却不然，它可能是唯一一个还没有实用的爆款产品出现的时候，就吸引了如此多的社会目光，或者说影响了物理世界的新生技术，那它是如何做到这一点的？答案很简单：通证。

而这正是区块链最为巧妙的地方所在：它是数字领域唯一一个不用物理世界映射、仅凭自身特点就能够影响外界的技术。可以说，能否恰当地使用通证激励，是决定区块链技术能否落地的关键点之一，用好了，区块链技术就会从实验室里破门而出，主动改造传统商业的组织形式与生产关系；用不好，则很有可能像 VR 和 AR 一样只能活在比较小众的圈子里。

那么，通证要怎样才能促使区块链与实体经济结合呢？

7.5 区块链 3.0：社区 + 工业

在当下的社会中，有一件非常有意思的现象：有些词大家每天都在说，每天都在用，但你如果让人们不用搜索引擎，马上解释出来这个词大概是什么意思，人们多半会张口结舌，说不出个所以然。大到世界格局，小到日常生活，几乎都是如此。当然了，在有场景下，一些词被稀里糊涂地使用，倒也无伤大雅。然而，也有一些词，如果误用，却真的会对自己的认知和行业的发展起到很大的负面作用。比如说：区块链社区。

一直以来，在区块链行业有一个隐秘的政治正确：那就是区块链社区或是社群非常重要，但却很少有人能够说清区块链社区为什么重要，以及其有没有成功的先例可循。人们建立社区的原因，很大程度上是源于"社

区秉承了区块链的去中心化精神"这一类说词。那么，这些社区的拥护者们所创立出来的组织，对区块链行业以及身处其中的项目究竟起到了什么样的作用呢？我们可以来看几个例子。

案例1：A社区曾是区块链行业知名度很高的社区之一，在区块链概念最热之时，汇集了包括经济、科技甚至娱乐行业在内的各路名流前来参与，而涉及的话题也极为广泛，从经济危机到区块链，再从金融应用到衣食住行，甚至夹杂着关于哲学、革命等方面的讨论。一时间被行业人士奉为先驱圣地，哪怕是群内传出的只言片语甚至聊天截图，都能够迅速蔓延至整个圈子，业内一时间掀起了轰轰烈烈的"向A社区学习"的风潮。不过随着后来比特币价格的逐渐下跌，以及一级市场的热度逐渐消散，A社区也逐渐陷入了沉寂当中。

案例2：B社区是由B项目的项目团队所主动发起的一个社群，由于创始团队相对比较理想主义，认为项目是从投资者社区那里募资的，所以项目理应属于社区，而社区成员在项目的发展过程中也应该拥有对各种事物的表决权，于是成立了类似于"董事会"的圆桌机制，邀请一些社区成员进入项目的决策层。然而经过一段时间的相处之后，项目团队很快发现：这些投资者们对于项目的推进与运营实际上并不擅长，有些甚至一窍不通，部分成员甚至还会为了一己私利而做出伤害项目的事情。同时，随着市场进入寒冬，"董事会"圆桌由于专业程度不够，做出了多次错误的决策，最后B团队不得以将这些大户们踢出项目决策层，结果引发了大户们的不满，公开怒斥B项目团队是"搞独裁""一言堂"。

案例3：C社区是由C项目的投资者们所自发组织起来的一个网络社区，由于C项目的参与团队阵容豪华，被普遍认为是2018年的明星项目，

因此，充满期待的投资者们自发成立了社区公众号，不断为项目摇旗呐喊。然而，由于一些利益上的纠葛，社区最终与项目团队反目，其社区的微信公众号页面上，甚至开始倒戈发布批判 C 项目的文章，其态度转变之迅猛且彻底，不禁令人为之慨叹。

可以看出，上面的三个例子显示了一个现实：那就是现在的所谓区块链社区，对于行业也好、企业也罢，实际上是一种非常尴尬的存在。虽然这些社区成立的本意，除了颇具现实主义的安抚投资者之外，还寄托了项目团队的一点理想主义——成立一个去中心化的组织，但问题在于：这些人所搭建起来的这个社区，究竟是真的"去中心化"，还是人们想象中的乌托邦？他们真的了解"去中心化"这个词的来龙去脉以及未来的发展方向吗？抑或不过和"社区"一样，仅仅是另外一个每天都挂在嘴边，但实际上只有一个模糊轮廓的概念？接下来，笔者就将向大家阐述"去中心化"的真正含义，因为如果搞不清什么叫"去中心化"，我们就很难搞清"社区"一词的真正概念，甚至摸不准区块链技术的发展脉络以及未来落地的大致路径。

提到去中心化，相信行业内的朋友都有着说不尽的观点，尤其是在 2017 年年底，比特币的价格冲到高点之后，在长达几个月的时间里，笔者见到了 N 多去中心化的行业解决方案，即便是现在，数字货币市场进入熊市、区块链这个概念也广为人知之后，关于去中心化的讨论也依然在如火如荼地进行着，而且尚未有一个明确的定论。有人说它是一种目的，例如能源区块链实验室创始人曹寅就曾表示，能源区块链的存在就是要让包括电力在内的能源市场实现物理架构上的去中心化。也有人说它是一种手段，例如比特基金发起人李笑来就认为区块链去中心化的目的是要让数据不可篡改。

然而，在笔者看来，这两种观点都不够准确。原因很简单，当我们说去中心化是手段或是目的的时候，都隐藏了一个大的前提，那就是"去中心化"是人们有意想要达成的一个目标，进而实现一个终极的目的（例如去中心化电力市场），或是为了达成这个目的所需要的手段（通过去中心化存储来实现数据不可篡改），简单地讲，想不想去中心化，是我们自己可以说了算的。但问题在于，去中心化其实并非是一项人们主观推动的趋势，而是互联网经济客观发展的一个必然结果，换句话说，社会经济的去中心化趋势，是不以人的主观意志为转移的。

事实上，尽管很多人都不知道"去中心化"这个词的存在，但在现在的经济社会中，人们实际上都是在无形中用自己的行为来落实着"去中心化经济"这件事情，比如说，像 Uber 和 Airbnb 这种 C2C 共享平台的存在，它的本质不就是在去以出租车公司和连锁酒店为中心的传统经济吗？在这些平台上，每一个乘客、司机、房东很可能根本就没听过"去中心化"这个词（毕竟这些平台兴起的时候，"去中心化"并没有随着区块链而广为人知），而他们接入这些平台的初衷，也都只是为了省点钱或是赚点钱，但这并不妨碍他们成为这个去中心化经济体系的参与者，并直接威胁到那些传统中心化服务供应商的利益。

从这点来看，现在网络上很多关于去中心化和区块链的讨论，有一个最大的硬伤，那就是人们把去中心化和区块链的因果关系搞错了：他们以为区块链是"去中心化"一词出现的源头，但实际上区块链是社会"去中心化发展"的一个产物二者关系如图 7-16 所示。事实上，在包括手机在内的移动智能设备普及之后，现在这个高度互联网化的社会，其实就非常像一个大型的区块链网络——每一个互联网的用户都像是区块链的记账

节点，从信息源头传出的信息，会迅速地传播并分布式地记录存储在这些记账节点的脑海里。尤其是对于特别爱把"共识""信任""去中心化"挂在口头的区块链从业人士来说，更是如此。

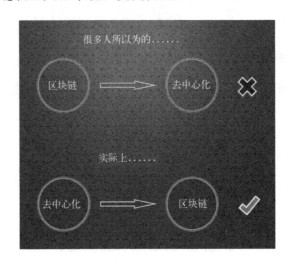

图 7-16　区块链与"去中心化"一词的关系

人们对于"去中心化"这个词与区块链技术因果关系的错误理解，直接导致他们对"去中心化"一词出现了致命的解读偏差。尽管随着中本聪的消失，我们现在已经无法去追问他比特币白皮书中"去中心化"一词的确切含义，但无法否定的一点是，在比特币刚刚诞生的时候，它的商业模式其实特别像是我们现在熟悉的一个去中心化应用——抖音。正如抖音中所有的人既是视频的观看者也是生产者一样，在早期的比特币网络中，所有的节点既是比特币的接收者也是生产者。

如图 7-17 所示，事实上，在最早的时候，比特币网络上的所有节点都是具备挖矿功能的，虽然现在人们经常会把区块链网络上的节点分为记账节点和交易节点，但在比特币刚刚诞生之时，并没有纯粹的交易节点，它

实际上是和"记账节点"这个角色相互重合的，原因很简单：当时的比特币钱包，都是内置在比特币的全节点客户端里，而全节点客户端是自带挖矿功能的，当然，想不想生产比特币（挖矿），完全取决于该节点控制人自己的意愿，就像你想不想用抖音给自己录视频完全是你的自愿一样。这也是笔者认为比特币"去中心化"一词的重要含义之一，它早期的货币生产是以 C2C 的去中心化体系来完成的，就如同抖音上的视频都是以 C2C 的形式生产出来的一样。

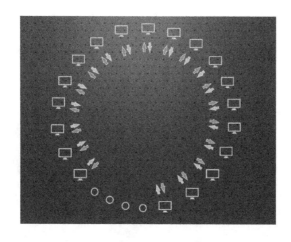

图 7-17　早期的比特币网络是一个 C2C 的货币产消体系，每个节点既能挖矿又能收款

那么，很多从业者的问题在哪呢？他们进入区块链行业的时间是在 2013～2014 年，而当时的比特币网络已经出现了两个趋势：首先，随着比特币的全节点客户端越来越大，难以进行轻便的携带，大多数人放弃了比特币的生产权，而比特币社区也顺应了用户的要求，在剪掉全节点客户端中与自己交易记录无关的信息之后，制作出了没有挖矿功能的轻节点钱包，并广为传播。其次，GPU、FPGA、ASIC 矿机的诞生，助力了矿场以及矿池这种矿业正规军的出现，使得比特币发行权集中到少数人的手中。尤其

是一些矿池巨头，只要三两联手，就能够掌控 51% 以上的算力。

这样一来，当很多人在 2013/2014 年进入到数字货币行业时，他们所接触到的比特币网络，实际上已经不像是 C2C 的小视频了，而更像是 B2C 的电视台（如图 7-18 所示）。一方面，出现了大批没有内容生产意愿和能力的纯观众，另一方面，内容生产权集中到了若干个骨干团体手中。而当这种中心化的程度越过一个阈值的时候，就必然会涉及一个问题，那就是这些中心化巨头们将会联起手来，对行业实行共同的治理，比如制定一些行业标准以及影响 CORE 团队的决策等，由此一来，大多数人对"去中心化"的理解，就自然而然地被引导到了另外一个人们十分熟悉的话题上，那就是在行业与企业的治理上，集权与分权的孰优孰劣。

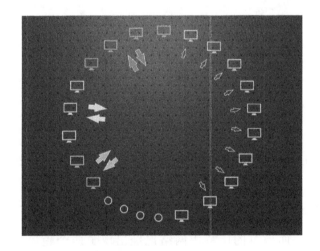

图 7-18　现在的比特币网络是一个 B2C 的货币产消体系，大部分节点
只有接收权，生产权集中到了巨头手中

然而，正如抖音和电视台不属于一类服务供应模式一样，抖音式的"去中心化执行"与电视台式的"去中心化治理"虽然表面上都姓"去中心化"，但其实完全是两类事物。而很多人的问题就在于，他们把自

下而上的自发执行与自上而下的分权治理完全混淆了。关于这一点，其实只要举一个例子，就足以让这个原本不能自洽的逻辑彻底混乱。假设某企业领导定下规矩，不允许员工在背后说他坏话，同时为了落实这一要求，他鼓励员工们彼此之间相互举报，只要有相关的证据就可以得到奖金。那这种管理模式是中心化的还是去中心化的？标准的答案是：从自下而上的执行来说，它是一种去中心化的执行模式，在奖金的吸引之下，员工们彼此之间形成了点对点的举报态势，即便老板不在，他们也都处在其他人的监督之中，而从自上而下的治理来说，它是一种中心化的治理模式，强化了企业领导在企业中的威望，使得其一言堂的管理得到了严格的延续。

从这点上来看，自上而下的行业或是企业分权治理，跟自下而上的去中心化事务执行之间其实并没有必然的联系。事实上，只要翻开历史就可以发现，自上而下的"分权治理"实际上是一个异常脆弱的体系，稍不注意就会形成所谓的中心化，用传统古典的术语讲就是行业垄断巨头或是企业领导的一言堂。因为很多时候，企业需要刻意地去维持并控制这个生态的实力均衡，避免一家独大的情形出现，就如同自然学家经常要小心翼翼地控制各类生物的数量，从而维护生物的多样性一样。

举个区块链行业的例子：在矿机行业，比特大陆目前已经掌握了比特币矿机的绝大部分供应市场以及多种 POW 数字资产的矿机供应权，因此也饱受业内人士"中心化"之诟病。但是问题在于，这个结果本身很可能就是无法避免的：假设在 2014 年那场漫长的行业寒冬期中，比特大陆没有一家独大，而是四五家巨头鼎立，可是谁能保证这几家巨头在 2018 年的熊市中又不会倒下一两家呢？再假设经历了多次熊市，那可不可以认为矿机

行业的格局仍然是会越来越中心化，最后变成只剩下一两个巨头的情形？

无数行业的历史经验告诉我们，这是绝对有可能的。因为无论是技术还是经济，它们本质上都存在周期，而只要是周期，能够成功活下来并度过熊市的就必然是少数，否则就不叫寒冬了。在这样的情况下，斥责那个剩下来的幸存者是"中心化的垄断寡头"，实际上是有失偏颇的，因为是其他的竞争者没能守住自己的市场份额，才给了幸存者太多的秩序真空，使之在攻城略地中能够一家独大，那如果人们不想坐视巨头的成型，又无力反抗它的扩张时，很可能会求助于包括反垄断法在内的政策工具。这样一来，便出现了一个致命的悖论——人们一方面想要强行维持一个行业的去中心化格局，另一方面他们求助的对象居然是高度中心化的政府部门，这两种相互矛盾的行为，可以说是逻辑高度不能自洽了。在中国的能源电力行业，为了维持一个相对竞争的格局，防止一家独大，政府有关部门经常会不断地对企业进行合并拆分，如图 7-19 所示。

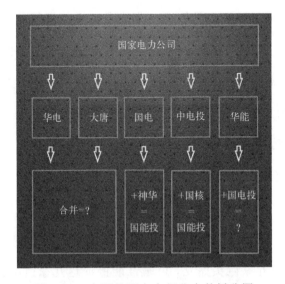

图 7-19　中国能源电力行业合并拆分图

那么，在自下而上的去中心化，也就是"自发执行"的过程中，一个去中心化的格局是否也是如此脆弱呢？情况可能完全相反，在执行层面上，中心化的机构是非常脆弱的。或者准确地讲：如果在"分权治理"的层面上，利益个体之间分散到一定程度，就会面临着中心化的引力的话，那么在执行层面上，利益主体之间集中到一定程度，就会面临着解体的斥力。原因也非常简单，在有些垂直领域的执行层面，颗粒度比较大的服务供应者往往会面临着很大的发展压力，而小的服务供应者反而非常容易异军突起。

以KOL（Key Opinion Leader，关键意见领袖）领域为例。相信很多朋友都知道，现在是一个"KOL人设崩塌"的年代，而人设的崩塌，对于KOL的发展无疑有着很大的负面作用。在一定程度上阻碍了他们"做强做大"。为什么会出现这样的情况？除了高流量必然会吸引来高关注，导致每个人言行中都会存在的弱点被无限放大之外，另外一个重要的原因，就是KOL在市场中的关注度占有率达到一定程度之后，便会遭遇瓶颈，很难再扩张下去。一方面在质量上众口难调，你很难说出让所有人都满意的观点，正所谓"有多少人爱你就有多少人恨你"，典型的例子就像某些自媒体意见领袖，他们的读者圈现在就被框限在了一个特定的人群之中，而一旦出了这个圈子，剩余的读者便不再"买账"；另一方面在数量上，中心化团队的作品产量绝对比不过去中心化的社群，比如现在各种传统文艺晚会，经常就会被人诟病"无新意"。

但是，实事求是来说，能够导演一台晚会的导演以及能够登堂入室表演的演员，可以说都不是等闲之辈，在1V1的情况下，他们的才华优于绝大多数对他们冷嘲热讽的人，然而现实在于：这些才华横溢的个体所面临

的并不是和他们处于同一个量级的个人，而是由无数个个体所组成的网络社群，这样一来，这些个体是无论如何也无法和无处不在的社群成员们进行竞争，如图 7-20 所示。

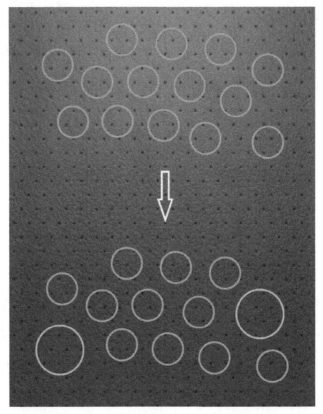

图 7-20　很多 C2C 服务的行业，即便是有中心化的趋势，这种势头也会由于各种原因受到遏制（舆论压力、服务难与众多 C 端供应商相抗衡），从而遇到瓶颈

7.6　分布式自发组织（DAO）或区块链 3.0 的真正产品

从上面的分析中不难看出，自上而下的"去中心化分权治理"（如图 7-21 所示），其实很可能只是寄托了人们所谓"区块链精神"的一种美好憧憬，事实上，它似乎从来就没有出现在过当代区块链的缔造者，也

就是中本聪的词典里。从这点来看，"分权治理"这种管理机制在过去并没有完全普及，现在也处于一个非常尴尬的地位，至于未来在行业内能够覆盖到什么程度，也真的是一件很难说的事情。

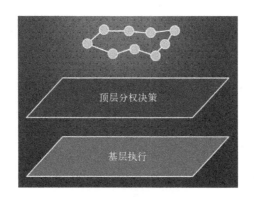

图 7-21　基于分权的"分布式自治组织"对于很多行业来说，
可能只是一个乌托邦

相比之下，自下而上的"去中心化自发执行"，其实更符合新经济的重点发展方向。正如前面所提到的，去中心化的服务提供是数字经济发展的一个重要的客观趋势，而在这其中起到直接支撑作用的，并不是分布式存储这类去中心化的技术，而是由海量的个体所组成的去中心化社群。在区块链技术被提出之前，这些去中心化的社群已经改变了传统的出行、住宿、视频、媒体等行业，在将传统的中心化放射式服务改造成了去中心化的点对点服务的同时，也向用户敞开了一个新的世界，让他们享受到了更能满足自身个性化需求的服务。

但是，由于一系列的原因，目前 C2C 的服务模式现在遇到了一个瓶颈，一方面，人们经常对中心化的服务感到不满，但另一方面，人们又不愿投入到去中心化经济体系的建设中去。这其中主要的痛点之一，就是服务的提供者无法获得与其贡献相匹配的收益，要么是结算

周期比较长，要么是收入无法覆盖成本，甚至干脆就是成本和收益倒挂。这样一来，人们参与到去中心化经济体系中的积极性便自然有所下降。

在这样的情况下，基于"区块链+智能合约"的 DAO（Decentralized Autonomous Orgnization，分布式自发社群），极有可能是区块链下一个能够为实体经济带来直接影响的产品（或是模式），用区块链行业熟悉的话语体系来说，就是区块链 3.0。落实的原理其实不难理解：通过通证来鼓励经济社会中的个体成为各种服务的提供者，进而繁荣 C2C 的去中心化经济体系，在智能合约的加持下，贡献者的资金结算周期可以被无限缩短，也就是在贡献的瞬间便获得收益，而具体获得的数量取决于贡献的程度，贡献越多，获得的也越多。这就是之前所提到的，区块链这一技术是主动走出数字世界、拥抱物理世界的主要方式。

严格来说，"DAO"一词并非新概念。但在过去的几年时间里，由于人们对比特币"去中心化"一词的误解，DAO 通常被解释为"分布式自治组织"，也就是说，它本身便充满了一个暗示，那就是 DAO 所指的"分布式自治"是前面所提到的、自上而下的"分权治理"。但很多人可能忽视了一件事："autonomous"一词还有另外一个含义，也就是"自发的"，这也是为什么笔者将其重新翻译为"分布式自发组织"的原因，因为这个词其实更契合数字经济未来的发展方向——通过自下而上的用户自发行动，来实现以服务供应者 C 端化为主的、去中心化的经济体系，如图 7-22 所示。需要指出，与区块链 1.0（即溯源），区块链 2.0（即金融）这种极为单调的解决方案不同，区块链 3.0 的 DAO 相对来说更为多样化，虽然其宗旨就是服务提供的 C2C 化，但具体的可行性、执行的方法以及服务提供者的颗

粒度大小，都要根据具体的细分行业来具体分析，在笔者所接触到的几个例子中，每种行业的解决方案，都包含了明显的行业特色。

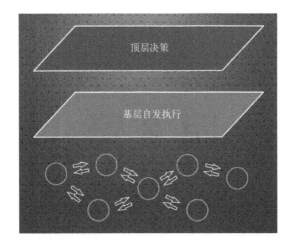

图 7-22　自下而上的"自发执行"DAO 或许才是能让区块链植根发芽的区块链 3.0

第 8 章

法律视野下的区块链通证

区块链技术从诞生起就毁誉参半，有人认为它是技术革命，有人认为它是旷世骗局，今天我们探索工业区块链，也就是区块链结合实体经济的同时，不能忽略其中隐藏的法律风险。所以本章主要从法律的角度去分析区块链及其系统通证中可能存在的风险和问题，以帮助读者在商业活动中更好地规避风险和应用区块链技术。

Token，就其本质而言，是一种可流通的加密数字权益证明。通过采用区块链技术，结合智能合约、密码学、物联网等技术，使得承载在上述数字权益证明上的权益性价值在保证真实性、防篡改性的基础上，实现价值流通。Token 是伴随着计算机技术和网络技术发展而产生的新生事物，走入大众视野也是近两三年的事情。

法律的滞后性在看待 Token 这个问题上显露无疑。当然，法律的滞后性并不是现在才出现的，而是生来如此。历史法学派的萨维尼反对德国的统一民法典制定的一个理由就是，民法典一旦制定出来就落后了，虽然夸张但不无道理。具体而言，Token 的法律定性问题、流通问题、法律监管政策问题、不同国家/法域的监管认知差异等，较之 Token 技术发展和民众认知发展，都存在不同程度的滞后性。那是不是就要抛弃法律认知呢？很显然不是，应该从法律温和的视角对于现有的 Token 进行分析，需要从现行的法律体系、法律制度、司法实践、行政执法实践，甚至是主要权力机关的态度中寻找 Token 的法律依据。

8.1 Token 的法律定性

关于 Token 的来源和属性，目前还没有统一的规定。中本聪在《比特

币：一种点对点的电子现金系统》中认为"比特币是一种完全通过点对点技术实现的电子现金系统，它使得在线支付能够直接由一方发起并支付给另外一方，中间不需要通过任何的金融机构"。小蚁股在《NEO 白皮书》中认为"数字资产是以电子数据的形式存在的可编程控制的资产，NEO 在底层支持多数字资产，用户可在 NEO 上自行注册登记资产，自由交易和流转，并且通过数字身份解决与实体资产的映射关系。用户通过合规的数字身份所注册登记的资产受到法律的保护。"可见，各种 Token 代表的属性差异性很大，或者是功能性 Token（Utility Tokens），或者是支付类 Token（Payment Tokens），或者是资产性 Token（Asset Tokens），但共同特点是均以 Token 的方式体现。

（1）Token 具有财产属性，受到法律保护

早在 2013 年，中国五部委在《中国人民银行 工业和信息化部 中国银行业监督管理委员会 中国证券监督管理委员会 中国保险监督管理委员会关于防范比特币风险的通知》（银发〔2013〕289 号）中，明确了比特币的性质，认为比特币不是由货币当局发行，不具有法偿性与强制性等货币属性，并不是真正意义的货币。从性质上看，比特币是一种特定的虚拟商品，不具有与货币等同的法律地位，不能且不应作为货币在市场上流通使用。但是，比特币交易作为一种互联网上的商品买卖行为，普通民众在自担风险的前提下拥有参与的自由。这是我国政府部门对于 Token 法律地位的首次表态。

根据我国宪法、民法等相关法律规定，其中，《宪法》第十三条"公民的合法的私有财产不受侵犯。国家依照法律规定保护公民的私有财产权和继承权。"《中华人民共和国民法总则》第一百二十七条"法律对数据、网

络虚拟财产的保护有规定的，依照其规定。"

虽然中国现行法律还没有直接对于 Token 进行明确规定，但根据法律内涵，可以明确 Token 并未被现行法律体系排除于合法财产之外，受到我国法律保护。全国人民代表大会常务委员会法制工作委员会编写的《中华人民共和国民法总则释义》一书中写道，"有的意见认为，数据和网络虚拟财产是民事权利的客体之一。但数据和网络虚拟财产是新兴事务，其概念范畴、保护范围、权利属性、权利和义务的内容等都较为复杂，理论和实践中对这些问题存在较大争议，其他国家和地区对数据和网络虚拟财产的保护也仍然处于探索阶段。民法总则未针对民事权利的客体做专门规定，可以将数据和网络虚拟财产纳入现有的各种民事权利中予以保护。有的意见认为，为了适应信息社会和互联网快速发展的新情况，体现民法总则的时代性，民法总则有必要对数据和网络虚拟财产等新型民事权利客体做出规定。这有助于解决实践纠纷，对社会互联网未来发展提供保障支持。但鉴于数据和网络虚拟财产的复杂性，限于民法总则的篇章结构，如何界定数据和网络虚拟财产，如何具体规定数据和网络虚拟财产的权利属性和权利内容，应由专门法律加以规定。"可以期待，未来会有更加明确的单行法做出规定。

从司法实践角度，2017 年 5 月 3 日，在苏州市吴中区人民法院发布的（2017）苏 0506 刑初 66 号判决书中，被告以泄露被害人信息为由实施威胁，迫使其支付比特币合计 20 枚，法院最终认定被告敲诈勒索公私财物，数额巨大，其行为均已构成敲诈勒索罪。2018 年 1 月 9 日，在长沙市开福区人民法院出具的（2017）湘 0105 民初 6277 号判决中，法院引用了上述五部委《关于防范比特币风险的通知》（简称），支持了比特币虚拟商品的性质。

我国刑法及司法解释中将敲诈勒索罪的犯罪客体限定为公私财物所有权及人身权益。

上述案例将比特币这样的 Token 纳入财物范畴并以价格认证意见书认定价值，肯定了其具有财产属性，受到法律保护。

（2）具有证券属性的 Token 会受到强监管

正是由于 Token 类别的多样性，所以通常 Token 设计者赋予它的权益有比较大的差别。虽然，目前并没有一个通用的 Token 的分类标准，但根据潜在经济功能对 Token 可进行如下分类。

1）功能性 Token　通常指通过运用区块链技术基础设施，为应用程序或服务提供数字访问的 Token。其核心特征是：①唯一目的是授予应用程序或服务的数字访问权限，并且在发行时，此令牌已经具备这些功能；②内置于区块链，是用户使用该区块链产品特定功能的必需品，不可替代，通常在使用过程中作为"Gas"被消耗掉或以其他方式流转；③该消耗是不可逆转的。

2）支付性 Token　通常指在现在或未来使用的，用于支付产品或服务，或用于货币或价值转移的 Token。

3）资产性 Token　通常代表资产，如对发行者的债务偿还请求权或收益实现请求权。例如，资产性 Token 承诺投资人可分享公司未来收益或未来资本现金流。因此，就这类 Token 的经济功能而言，它们类似于股票、债券或衍生品。那些在区块链上交易有形资产的令牌也属于这一类别。

因此，如果 Token 属于证券监管部门眼中的资本市场产品的话，则此类 Token 的发售、流通等可能会受到相关证券监管部门的严格监管。Token

可能会被认定为数字市场产品，例如股票和债券。

- 股票　授予或代表在某实体内的所有权权益，代表 Token 持有者在该实体内部的权利和责任，并代表其与该实体其他 Token 持有人彼此之间的契约（可能以智能合约方式体现）。

- 债券　构成或证明了 Token 发行人对 Token 持有人借给或可能借给发行人的任何款项的债务关系；或者集合性投资计划中的一个单位份额，代表了集合性投资计划中的权利或权益，或获得集合性投资计划中权利或权益的一种期权。

由于目前各国在此观点进展差别较大，因此，选取美国这个比较具有代表性的国家来进行本部分分析。

以美国为例，只有认定一项特定的金融工具（Financial Instrument）属于证券，证券法才有适用的余地。如果认定该金融工具属于证券，除非存在豁免，否则其销售就必须遵循法律的规定进行登记；即使存在任何豁免，证券法中规定的"反欺诈"条款也仍然存在适用的余地。不同于《中华人民共和国证券法》仅仅将证券的范围限定在"股票、公司债券和国务院认定的其他证券"的范围内，美国证券法上的证券不仅仅包含了常见的金融工具如股票、票据、债券，也通过"投资合同"（Investment Contract）这一"兜底条款"（Catch-all Provision）使得许多新颖、独特的金融工具的投资者获得了证券法的保护，同时也对 Token 的发行方提出要求必须遵守证券法的规定向监管机构登记其交易行为。

那么如何判断一项 Token 是否属于证券，进而落入法律监管范围呢？虽然早在 1933 年证券法和 1934 年证券交易法实施之前，美国各州的证券监管法（蓝天法）和相关判例就已经对"投资合同"进行了界定。但是，

目前最为权威、也是引用最多的"投资合同"定义是美国联邦最高法院在"SEC v. Howey"案中确立的 Howey 检验。

【案例：Howey 测试】被告 Howey 公司是佛罗里达州一家公司。每年约种植 500 亩（1 亩约为 666.67m^2）橘子，将其中一半卖给了各地的投资人。Howey 公司与投资人签订了土地销售合同和服务合同，其中约定，土地以保证合同的形式转让给投资人，期限为 10 年。合同期间，公司对于橘子的播种、收割和销售具有完整的决策权。投资人既无权进入橘园，也无权拥有任何产品，但投资人希望的是，通过依赖 Howey 的经营管理可以给他们分红带来利润。不少投资人参与 Howey 公司的这一项计划,而 Howey 公司采取整片农庄统一经营，把所有营收汇聚到一个共有的资金池内，而每个投资者的分红则根据其承包土地的大小进行划分。

美国 SEC 认为 Howey 公司的做法，本质上属于发行债券来募集资金，并试图规避联邦证券法；而 Howey 则认为他们仅仅是在卖土地区块的同时提供土地服务合同，与发行债券无关，此案上诉到美国最高法院。美国联邦最高法院在审理本案时，提出了一个包括 4 个要素在内的检测方法，即所谓的"Howey 测试"：证券法律中所谓的投资合同是指在一宗合同、交易或计划中，满足以下 4 个要求，可以认定为投资合同。

1）利用钱财进行投资（注意：只要购买人为了获取具有证券性质的收益而放弃有形的并且确定的权利，就可以认为是利用钱财投资，并非只是现金方式才算）。

2）投资于一个共同企业（注意：Howey 检验中的"共同企业"要件是目前美国证券法中的一个热点、难点问题。实务中有三种基本认定标准,即水平共同、狭义的垂直共同、广义的垂直共同)。

3) 仅仅由于发起人或第三人的努力 (注意:并非只有发起人自己努力经营,只要他人的努力对于业务的成败有重大影响,而投资人的努力即使是名义上的或者比例比较小的,这种安排依然属于投资合同)。

4) 期望使自己获得利润 (注意:利润可以是广义的,并非只有在本合同项目内承诺的利润)。

2017 年 7 月份,美国证券交易委员会 SEC 针对一起 Token 众筹项目 "The Dao" 发布了一份调查报告,警告创业公司,他们的 Token 代币可能判定为证券,并受联邦证券法管辖,其中就使用了 Howey 测试工具。

【案例:The Dao】DAO 是 Decentralized Autonomous Organization (分布式自治组织) 的简称。The DAO 是一个基于以太坊区块链平台的众筹项目,其目的是让持有 The DAO 代币的参与者通过投票的方式共同决定被投资项目,整个社区完全自制,并且通过代码编写的智能合约来实现。于 2016 年 5 月 28 日完成众筹,共募集 1150 万以太币,在当时的价值达到 1.49 亿美元。

在 DAO 代币发售后进行具体项目投资之前,被黑客攻击利用了代码缺陷,窃取了 DAO 约 1/3 的资产。SEC 的调查报告第一次就 Token 是否属于 1933 年证券法和 1934 年证券交易法规定的证券进行论述。报告对使用区块链和其他分布式账本技术进行集资的主体提出建议,使其采取适当措施确保自身项目遵守美国联邦证券法律。所有在美国发行或销售的证券必须在委员会进行注册或符合豁免条件。此外,任何个人或机构从事交易行为必须要进行国家证券交易的注册或者遵守豁免规定展开经营。

8.2 Token 的权利内容

1. Token 的取得

对于 Token 而言，Token 的产生主要是因为 Token 所依赖的技术事实的出现，从而使 Token 法律关系的主体取得相应的权利和承担影响的义务。也就是说，基于一定技术事实，而使得 Token 的法律关系从无到有。这里所说的"技术事实"是指创造 Token 的事实行为。以比特币为例，其 Token 的发行源于 Token 所在技术系统的渠道本身。由于比特币的每笔交易都需要进行验证，为了鼓励节点全身心投入验证以维护系统的正常运作，中本聪提出了相应的激励机制："对每个区块的每一笔交易进行特殊化处理，该交易产生一枚由该区块创造者（也就是第一个对该交易进行成功验证的人）拥有新的电子货币。这样就增加了促使节点支持该网络的激励，并在没有中央集权机构发行货币的情况下，提供了一种将电子货币分配到流通领域的办法。"正是基于这样的技术原理，第一批比特币可在被创造出之后，不断进行流通，后续比特币通过参与验证不断产生新的比特币，再加入流通渠道，产生了规模效应。

Token 是系统通过复杂计算而"挖掘"产生的，Token 的拥有者自其完成"挖掘"之时即拥有了代码意义上的权利，Token 的取得时间是 Token 被"挖掘"的那一刻。还以比特币为例，因为对比特币系统进行维护的人可以通过复杂计算获得 Token 奖励，过程类似于矿工挖矿，所以，维护者一般称为"矿工"，其维护行为被称为"挖矿"。在比特币这个生态体系里，在特定的时间间隔，只有一个矿工能够得到奖励，保证 Token 产生归属的确定性，在特定时刻只有确定"矿工"可以获得 Token，其对于 Token 的所有权应该获得法律保护。

Token 的取得方式大体有以下两类。

（1）原始取得

原始取得，一般指不以他人的意志为依据，而直接根据技术系统的规定或者自己的技术行为取得 Token 的一种方式。这种方式不依赖其他前提条件，而是独立发生的。在 Token 的场景中，关于原始取得，通常有以下几种情况。

1）挖矿。前面已经介绍，不再赘述。

2）ICO。是一种区块链行业术语，是一种为区块链项目筹措资金的常用方式，早期参与者可以从中获得初始产生的 Token 作为回报。由于 Token 被赋予了市场价值，可以兑换成法币，从而支持项目的开发成本。ICO 所发行的 Token，可以基于不同的区块链，常见的是基于以太坊（ETH）发行，由区块链提供记账服务和价值共识，实现全球发行和流通。

3）IFO。分裂币产生的前提是需要通过分叉区块链进行，但不一定硬分叉就能产生分裂币，只有未能充分共识的硬分叉才会有较大可能产生分裂币。IFO 就是以分叉主流币种为核心而发行 Token，在这些主流币原有区块链的基础上，按照不同规则分裂出另一条链。持有比特币、以太坊等主流币种的投资人可以在 IFO 过程中获得分叉后的新 Token。

（2）继受取得

继受取得是指通过合同或继承等方式从原 Token 持有者获得 Token 的一种方式。常见的方式有：交易所买卖 Token、C2C 买卖、赠送、收入等方式。从这些方式来看，实际上表现为民事法律关系中的转让、赠送等特性。

2．Token 的权利属性

财产权应该是经济权利，是 Token 持有人采取一定的方式使用其持有的 Token 而获得收益的权利。目前普通的民法体系规定的民事财产权主要包括物权、债权、知识产权、继承权、股权和其他投资性权利以及数据、网络虚拟财产等。现行法律对于 Token 这种新事物的保护显得力不从心。

在这方面，美国进行了非常有益的探索。2017 年 7 月 19 日，美国"全国统一州法律委员大会"（ULC）126 届年会上，《虚拟货币商业统一监管法》获得通过。该法案宣称，"推动本法的基础假设是，适当的监管将为使用虚拟货币产品和服务的人士和提供商提供保障，即，其将与其他金融服务和产品的提供商一样受到合理的监管"。《虚拟货币商业统一监管法》的颁布，将规范虚拟货币的业务活动，设定法律框架。该法案内容包括许可证、互惠、消费者保护、网络安全、反洗钱等诸多方面的监管。

其中，对于虚拟货币进行了如下定义。

第一层面，应该指有价值的数字表示：可以是用作交换媒介、记账单位或价值存储；不是法定货币，不论其是否以法定货币计价。

第二层面，不应该包括：管理数字价值表示传输的软件或协议。

商户提供的交易奖励计划，不能与之兑换法定货币、银行信贷或可转换虚拟货币。

在同一游戏平台上出售的在线游戏，游戏平台或游戏系列中所使用的有价值数字表示。

草案指出，虚拟货币既不是法定货币，也不是纯粹的金钱，虚拟货币是债务人、债权人之间达成的协议，在办理业务时的"金钱"替代品；同

时，债务的解除效果不受法律规定。

上述定义中，几个概念显得尤为重要，"控制""交换""存储"和"转移"。

控制，指当用于虚拟货币交易或发生关系时，单方面执行或组织虚拟货币交易的权力；以及当用于为他人提供虚拟货币商品或服务时，则是指其以自己的名义或依据合同或协议，通过合法的或者有利的表决权直接或间接执行管理、运行的权力。

另外一个很重要的概念，涉及 Token 的商业化活动。具体指：与居民或代表居民交换、转移或存储虚拟货币，直接进行虚拟货币管理或借助于虚拟货币控制服务供应商的协议进行虚拟货币管理；或者，代表另一人持有先前的电子贵金属、电子证书，发行代表贵金属利益的股份或电子证书；或者，以一种或多种形式的可兑换虚拟货币来交换其他不可转换的数字单位，或在收到原始数字单位的同一发行商提供的在线游戏、游戏平台或游戏系列之外的法定货币或银行信贷来交换其他不可转换的数字单位。

从上述法案的定义来看，按照这个定义，Token 的爱好者（投资者）通过算力在区块链上获取比特币的挖矿行为显然不属于虚拟货币经营行为，不适用这个法案。从虚拟货币的定义可以看出法案的起草者力图把虚拟货币经营行为的范围扩大，尽可能地包含在目前技术水平内能够预见到的虚拟货币应用场景，适应方兴未艾的虚拟货币浪潮和高速发展的区块链技术。

从 Token 的权利属性来看，可能涉及网络安全、金融安全、反洗钱、反恐怖、税收监管、市场管理、消费者保护等方方面面，为各国政府的监管和服务提出了紧迫而严峻的任务，《统一虚拟货币经营监管法》的出台，

为美国在此领域实施统一监管提供了立法示范。

8.3 Token 的法律保护

1. 偷盗 Token 是否侵犯盗窃罪？

我国《刑法》第九十二条规定，本法所称公民私人所有的财产，是指下列财产：（一）公民的合法收入、储蓄、房屋和其他生活资料；（二）依法归个人、家庭所有的生产资料；（三）个体户和私营企业的合法财产；（四）依法归个人所有的股份、股票、债券和其他财产。

这里涉及一个关键问题，Token 是否属于刑法意义上的"财产"？我们先看一个案例。

【案例】根据（2017）苏 0506 刑初 66 号判决，被告人赵某于 2016 年 7 月底至 8 月初，利用从互联网获取的登录口令，通过电脑操作，进入被害单位苏州某公司的服务器，窃取该公司的网购订单信息若干，并以泄露上述信息为由实施威胁，迫使该公司支付比特币合计 20 枚，价值合计人民币 75425 元。公诉机关为证明上述事实，提供了相应证据。公诉机关认为，被告人赵某敲诈勒索他人财物，数额巨大，应当以敲诈勒索罪追究其刑事责任。被告人赵某归案后如实供述其罪行，可以从轻处罚。

本案中，法院判定，被告人勒索比特币的行为均已构成敲诈勒索罪，认定了比特币这种 Token 具备财产性质。盗窃罪和敲诈勒索罪同为财产类保护罪名，这个案例在一定程度上提供了财产保护案例。从法条来看，《刑法》第九十二条虽然规定了财产的犯罪，但却没有规定财产的存在形态及其种类，没有明确财产的有形与无形。但是"其他财产"的兜底条款，为

Token 这种无形财物，预留了解释空间。Token 虽依附于网络空间，但是其本身同现实财物具有一定的换算规则以及交易规则，具备财产属性，其代表着权利人的现实财产。盗窃罪的保护法益，是财物的所有权或者财物事实上的占有。由于 Token 的载体是数据，权利人按照一定的操作方式，是可以实现对其控制、使用、占有、处分的。

2018 年 4 月，武汉市汉阳区人民检察院以盗窃罪批捕一起比特币失窃案的犯罪嫌疑人。该案中犯罪嫌疑人将受害者比特币钱包账户中的比特币转入了自己的账号，在交易平台出售后获得两万余元，汉阳区检察院以涉嫌盗窃罪对其批捕。汉阳检察院表示，比特币是网络虚拟货币，所以比特币为犯罪对象的案件一般以涉嫌非法获取计算机信息系统数据罪处理。但在黄某一案中有证据证明被害人购买比特币实际支付的是货款，及犯罪嫌疑人将比特币卖出后实际获得赃款人民币 2 万余元，都是有实际货款支付，其盗窃的比特币价值得以清晰体现。所以，办案检察官认为犯罪嫌疑人黄某盗窃他人比特币的行为应当认定为涉嫌盗窃罪，这是目前实务中对于 Token 财产性属性的又一次确认。

2. Token 投资失利，交易所是否承担责任？

【案例】（2017）京 0108 民初 12967 号，原告在某数字货币交易平台开通了交易账户，进行数字货币交易活动。原告王某诉称，在该交易平台充值购买比特币的行为因标的物不存在，属于无效行为。

法院判称，用户使用数字货币交易平台交易比特币的，平台不作为交易对手的情况下，用户对交易结果自负盈亏。并且认定，根据我国相关法律法规的规定可见，比特币不是由货币当局发行，不具有法偿性与

强制性等货币属性，不是真正意义的货币，但并无法律法规明确禁止当事人进行比特币的投资和交易，而是提醒各部门加强对社会公众投资风险的提示，普通民众在自担风险的前提下拥有参与比特币交易的自由，但需理性投资；提供比特币登记、交易等服务的互联网站应当在电信管理机构备案。

3．ICO 是否违法？

ICO（Initial Coin Offering or Initial Crypto-Token Offering）原意是指加密货币首次发行。募集人或募集机构向公众披露标的项目信息和发行的代币数额、价格、支付方式，通过场外交易平台向不特定对象发行以区块链技术承载的虚拟币（即所谓"代币"），投资者使用比特币或其他虚拟货币，向企业购买代币，从而取得该代币所记载的权利。企业获得比特币或其他虚拟货币融资后，可以通过境内外比特币或其他虚拟货币的交易平台兑换为相应的法币。

目前 ICO 项目市场混乱，且缺乏法律规范和监管，对于这类的 ICO 项目如果导致投资者的损失，其团队成员是否构成犯罪？构成何种犯罪？

（1）非法吸收公众存款罪

我国刑法第一百七十六条非法吸收公众存款罪指的是非法吸收公众存款或者变相吸收公众存款，扰乱金融秩序的行为。根据《最高人民法院关于审理非法集资刑事案件具体应用法律若干问题的解释》第一条，违反国家金融管理法律规定，向社会公众（包括单位和个人）吸收资金的行为，同时具备下列四个条件的，除法号有规定的以外，应当认定为刑法第一百七十六条规定的"非法吸收公众存款或者变相吸收公众存款"。

（一）未经有关部门依法批准或者借用合法经营的形式吸收资金。

（二）通过媒体、推介会、传单、手机短信等途径向社会公开宣传。

（三）承诺在一定期限内以货币、实物、股权等方式还本付息或者给付回报。

（四）向社会公众即社会不特定对象吸收资金。

ICO 项目通常是以虚拟货币或积分模式的形式在交易平台进行融资，将资金用于公司项目开发投资。如果项目过程中，具有以非法牟利为目的，行为中触犯了上述要件，融资过程中有虚构事实的情形，以及融资的资金并未用于真实的项目中，则很有可能会涉嫌集资诈骗。

（2）诈骗罪

诈骗罪是指以非法占有为目的，使用欺骗方法，骗取数额较大的公私财物的行为。

个别 ICO 项目中，不排除以逐利为目的的投资者愿意出资来资助项目，其根本目的在于推动项目的升值，从而带动项目内的代币的升值，进而卖出其手中所持有的项目代币，获得利益。因此融资方发布的项目的真实性与可投资性就成为了 ICO 的关键，如果融资方发行的项目从根本上而言就是个虚假项目，从其发布之初就是以骗取投资者款项为目的，那么该"ICO"就难逃诈骗罪之名了。

8.4　Token 法律监管问题

（1）中国

中国人民银行等七部委《关于防范代币发行融资风险的公告》指出，

"代币发行融资中使用的代币或'虚拟货币'不由货币当局发行，不具有法偿性与强制性等货币属性，不具有与货币等同的法律地位，不能也不应作为货币在市场上流通使用。"

"代币发行融资是指融资主体通过代币的违规发售、流通，向投资者筹集比特币、以太币等所谓'虚拟货币'，本质上是一种未经批准非法公开融资的行为，涉嫌非法发售代币票券、非法发行证券以及非法集资、金融诈骗、传销等违法犯罪活动。"

中国未认同代币的货币属性，但代币发行融资行为被认为可能涉嫌非法发行证券，因此不排除代币发行融资中的代币被认定属于证券的可能。

（2）美国

目前美国证券交易委员会（Securities and Exchange Commission，SEC）正在研究如何监管虚拟货币交易。2017年12月4日，SEC以首次针对"初始代币发行"（ICO）发起诉讼，指控一家名为 PlexCorps 的私人控股公司及其两名高管涉嫌欺诈投资者。2018年2月6日，SEC主席称，ICO参与者需要考虑"币"是不是证券，它们符合证券的一些关键特征，而发行证券需要牌照。

美国的新税法规定，所有的数字货币交易都必须要缴税，而数字货币以礼品形式赠送他人，或是捐赠给慈善机构的则不用缴税。

美国国家税务局征税计划于2018年4月开始对赚取加密货币买卖差价和利用加密货币进行买卖所获得的利益按照资本收益进行征税，并提醒美国纳税人在年度纳税表中包含加密货币收入。美国国家税务局指出，加密货币交易与其他形式的财产一样需要纳税。同时表示，没有正确报告加密货币交易所得税后果的纳税人可能需要接受审计，并在某些情况下可能

被处罚。

（3）新加坡

新加坡对 ICO 下的代币性质认定及不同情况下的监管措施均做出了分类。根据新加坡金融管理局（MAS）发布的《数字代币发行指南》（A Guide to Digital Token Offerings），如果数字代币构成 MAS 负责管理的证券法所规定的产品，则数字代币的发售或发行必须遵守所适用的证券法。不同的发行场景下，代币可能构成股份、债权或集合投资计划中的单位份额等证券产品。

（4）瑞士

2018 年 2 月 16 日，瑞士金融市场监督管理局（FINMA）发布了 ICO 的监管框架，其将数字代币分为三类。

1）支付代币（Payment Token），即加密货币，作为货物或服务的支付手段，或货币、价值转移的方式。

2）实用代币（Utility Token），以区块链为基础的，旨在提供对应用或服务的数字化获取渠道的代币。

3）资产代币（Asset Token），代表了发行方的债或股权。例如，资产代币承诺对未来公司利润或现金流的分成。对于它们的经济作用而言，这些代币可类比为资产、债权或金融衍生品。可交易的代表实物资产的区块链代币同样属于此类。

FINMA 表示，上述分类并非完全排斥，存在着混合代币的情况。

（5）澳大利亚

2017 年 9 月，澳大利亚证券投资委员会（Australian Securities and Investments Commission，ASIC）针对考虑发起 ICO 的公司发布了监管指南。

指南称，具体处理方式将根据不同项目架构进行调整。如果所购买数字代币的价值受到投资者投资或者资金使用情况的影响，那么 ICO 可能属于管理投资计划管理范围，从而需要依照公司法完成一些披露、注册和许可义务。

并且系统解答了如下问题：

ICO 的定义及其法律地位。

ICO 何时构成管理式投资计划？

ICO 何时构成股份？

ICO 何时构成金融衍生产品？

ICO 何时构成非现金支付设施？

ICO 平台何时属于由 ASIC 监管的金融市场或众筹平台？

ICO 何时适用于禁止误导或欺骗行为的法律？

ICO 如何获得 ASIC 的非正式援助？

（6）英国

英国金融市场行为监管局（FCA）在 2018 年第三季度公布了加密货币审查报告。FCA 表示虽然加密货币本身并不在其监管范围内，但加密货币的使用却在其监管范围内。FCA 在 2018 年末与英格兰银行及英国财政部就这一主题展开讨论，并将在 2019 年得到英国政府授权对加密数字货币行业进行规范。

英国议会财政特别委员会将启动对加密货币和区块链技术的调查。该委员会在声明中称，调查将重点关注加密货币的日益火爆给消费者、企业和政府带来的机遇和风险。财政特别委员会主席尼基·摩根（Nicky Mogan）表示："人们逐渐了解比特币等加密货币，但他们可能没有意识到，在英国

这是不受监管的，而且个人投资者也没有得到保护。"

（7）日本

日本金融厅考虑对发行新的数字货币实施新的监管。日本国家警察厅（NPA）发布的一份公告显示，在2017年下半年，就收到了669份来自国内加密货币交易所涉嫌洗钱的报告。尽管NPA没有透露交易所筛查可疑交易的确切标准，但公布此份数据表明，自从Coincheck被窃取价值超过5亿美元的NEM代币后，日本监管机构正在提高对监察加密货币交易方面的把控能力。

（8）韩国

韩国政府政策协调办公室部长洪楠基在国会政务委员会全体会议上表示："数字货币并不是法定货币，防止数字货币被利用于非法行为或者交易不透明是工作的基本方针，同时要保证数字货币在法律范围内，部门正慎重考虑逐步将数字货币监管引入到制度层面。"

韩国金融监管服务局（FSS）一直在调查在该国证券交易所上市的20家上市公司。这些公司利用数字货币债权来提高其股价，在股价飙升后，又不按计划进行商业运作，出现业务延迟或业务不确定等状况。FSS并没有披露正在调查的上市公司的名称，一位FSS官员解释说，因为它会"直接影响到每家公司的股价"。官方表示，已向投资者发出警告，将继续监控和制裁相关违规公司。

可以看出，目前世界各国没有形成对虚拟货币、数字代币的统一定性和划分标准，定义的内涵间存在覆盖或交叉。但部分国家，如新加坡、瑞士（未来有可能包括美国）等国已经结合本国相关金融法律，对需要监管的数字代币界定了相关要素，认为数字代币在满足证券构成时，应当将其

定义为证券，相关发行行为受到证券发行相关法规管理。

　　虚拟货币、数字代币的法律性质认定将影响其受监管范围，鉴于虚拟货币、数字代币仍处于不断发展、创新当中，法律上若将其内涵过于限定可能对监管灵活性产生不利影响。上述对虚拟货币、数字代币法律性质判断的相关规定，与我国证券监管政策上的穿透性监管原则有一定相似之处，因此，透过虚拟货币等形式，剖析行为而辨别实质，在判断法律性质上具有较高的实操性。